MUITO ALÉM DO QUE SEUS OLHOS VEEM

הרבה מעבר למה שעיניך רואות:

7 Chaves para Ativar o milagre

Editora Appris Ltda.
1ª Edição - Copyright© 2023 dos autores
Direitos de Edição Reservados à Editora Appris Ltda.

Nenhuma parte desta obra poderá ser utilizada indevidamente, sem estar de acordo com a Lei nº 9.610/98. Se incorreções forem encontradas, serão de exclusiva responsabilidade de seus organizadores. Foi realizado o Depósito Legal na Fundação Biblioteca Nacional, de acordo com as Leis nᵒˢ 10.994, de 14/12/2004, e 12.192, de 14/01/2010.

Catalogação na Fonte
Elaborado por: Josefina A. S. Guedes
Bibliotecária CRB 9/870

G635m
2023
	Gonçalves, Sandro
	    Muito além do que seus olhos veem : 7 chaves para ativar o milagre / Sandro Gonçalves. – 1. ed. – Curitiba : Appris, 2023.
	    192 p. ; 23 cm. (Coleção geral).
	
	    Inclui bibliografia.
	    ISBN 978-65-250-5148-2
	
	    1. Espiritualidade. 2. Teologia. 3. Filosofia. 4. Psicologia. 5. Sucesso. I. Título.
	
	                                                                                 CDD – 248.2

Livro de acordo com a normalização técnica da ABNT

Appris editora

Editora e Livraria Appris Ltda.
Av. Manoel Ribas, 2265 – Mercês
Curitiba/PR – CEP: 80810-002
Tel. (41) 3156 - 4731
www.editoraappris.com.br

Printed in Brazil
Impresso no Brasil

Sandro Gonçalves

MUITO ALÉM DO QUE SEUS OLHOS VEEM
תואור דיניעש המל רבעמ הברה:

7 Chaves para Ativar o milagre

FICHA TÉCNICA

EDITORIAL	Augusto V. de A. Coelho
	Sara C. de Andrade Coelho
COMITÊ EDITORIAL	Marli Caetano
	Andréa Barbosa Gouveia - UFPR
	Edmeire C. Pereira - UFPR
	Iraneide da Silva - UFC
	Jacques de Lima Ferreira - UP
SUPERVISOR DA PRODUÇÃO	Renata Cristina Lopes Miccelli
ASSESSORIA EDITORIAL	Jibril Keddeh
REVISÃO	Isabela do Vale
PRODUÇÃO EDITORIAL	Jibril Keddeh
DIAGRAMAÇÃO	Bruno Ferreira Nascimento
CAPA	Sheila Alves
REVISÃO DE PROVA	Jibril Keddeh

A todos os que se dedicam a ajudar ao seu próximo.

AGRADECIMENTOS

"GRATIDÃO, UM DOS SENTIMENTOS MAIS
NOBRES E APRECIADOS POR DEUS!"

Obrigado a todos que tornaram possível este livro.

Em especial, à minha amada esposa **Cristiane Gonçalves**, que abre meus Olhos todos os dias para o Amor. Eu nunca conseguirei expressar o quanto seu apoio e confiança significam para mim.

À minha família, que me ouvem ininterruptamente e me inspiram a continuar estudando e me tornando um eterno aprendiz. Amo vocês!

Ao meu mentor **Leandro Barbosa** e sua querida esposa **Daiane Barbosa**, obrigado pelo feedback positivo ao fazer a leitura inicial do manuscrito, vocês são verdadeiramente incríveis. Como também nosso ministério da família reviver, repleta de pessoas que têm paciência infinita e que me encorajam sempre a dar o meu melhor. Vocês são épicos, eu os admiro e valorizo demais, apesar de não lhes dizer isso o suficiente. Obrigado!

Prefaciar uma obra é um ato de generosidade, por este motivo ovação de pé ao nobre Conferencista **Isaac Baris**, por aceitar meu humilde convite honrando-me, sobremaneira, com este gesto, pois quem prefacia tem geralmente a posição de quem apresenta ou até introduz, apoiado em sua capacidade, competência e conhecimento.

Dr. Alessandro Sabóia, sei que seu tempo vale ouro e mesmo assim conseguiu se disponibilizar não apenas para ler o manuscrito original, como também a realizar valiosas anotações que me serviram de inspiração. Receba aqui minha eterna gratidão.

Ao meu amigo, Ilustre Pr. **Moisés Martins**. Sempre admirei sua fascinante inteligência, postura e autoridade. Sem palavras, para expressar todo meu sentimento por seu apoio e endosso. Deixo aqui meu reconhecido agradecimento.

Psicóloga **Yakaenya Nascimento**. Sua profissão é essencial para a humanidade, de modo que as pessoas possam Olhar mais para si mesmas e aprendam a lidar com seus problemas internos. Obrigado por toda sua dedicação e ponderações nesta obra.

Psicóloga **Poliana Mirian**. Suas considerações foram magnificas. Gratidão.

Pr. **Daniel Duarte**. Nossa amizade deixou momentos incríveis em minha memória. Sua avaliação e apreciação do manuscrito foram fundamentais.

Nossa amiga **Roberta Genuino**. Obrigado por me ajudar a dar voz as palavras por meio de sua revisão.

Minha gratidão aos **doutores e intelectuais** que contribuíram no andamento de pesquisas e sugestões.

A todos que continuam tendo tanta fé em minhas palavras, desde os meus melhores amigos, como também todos os que demonstraram apoio de diversas formas com muito entusiasmo e empolgação.

PREFÁCIO

Muito além do que seus olhos veem é convite para vencermos o desafio para não se olhar com a visão ocular, mas por diversas vezes com o olhar do coração. As reflexões profundas e inspiradoras irão trazer a construção memorável, e porque não dizer um download de inteligência emocional para seu rompimento com o território dos normais e superação de medos e limitações.

Pela experiência de vida colocada diante de cada um de nós iremos transpor para um conhecimento elevado sobre o olho humano e a superação do autor. O coração tem nele neurônios que guardam informações e memórias, por isso os transplantados são limitados em reaver os parentes de seus doadores e também tem novas predileções e novas vontades devido as memórias do coração.

Escrever um livro é algo tão bom e enriquecedor para gerações futuras, que até Deus inspirou mais de quarenta homens diferentes em diversas épocas para escrever o seu livro: a bíblia. Pessoas nobres nunca se assentam na mesa sozinhos e com nobreza, valentia e galhardia foi nos proporcionados assentar na mesa com esse escritor profícuo e inspirado em sua mente e coração.

O tempo é o senhor da razão, e aprendi com o tempo que existem amigos que os homens te apresentam: são bons amigos. Mas existem amigos que Deus lhe apresenta, e os melhores amigos são aqueles que são amigos de Deus. Acredito piamente que um carvalho de justiça não nasce de uma hora para outra. Os carvalhos têm o tempo de sua plantação, crescimento e da sua alta e grande imponência.

Mas quem vê o grande e opulento carvalho deve se lembrar de que um dia ele já foi uma pequena semente e quantas tempestades ele já enfrentou. Recebi com espanto e alegria o desafio de prefaciar a obra literária do meu amigo escritor Sandro Gonçalves. Fazer uma consideração e falar sobre uma obra e sobre seu autor, só é possível quando se tem conhecimento de causa. E pelos laços da amizade que nos unem e se tornam inquebráveis em Deus a cada dia.

Esta, linda obra literária que está em suas mãos nasceu da inspiração e experiência de vida que só é alcançado de um coração fervoroso e apaixonado pela presença de Deus e por sua palavra.

A abordagem e proposta simples revela pensamentos profundos impregnados de uma erudição acessível a todos os níveis de conhecimento e que vieram à superfície pela perícia e paixão do escritor que tal como um mergulhador profissional que foi em águas profundas à procura de uma ostra que contém uma pérola de grande valor inestimável. E essa pérola está agora em suas mãos.

As palavras e abordagens nos traz oxigênio para outros mergulhos profundos pela extensão de todas as suas páginas, mas até aqueles que não sabem nadar podem se apoiar no bote salva vida do escritor pela historicidade prática apresentada em todos os assuntos. A migração e transição entre os assuntos de filosofia e teologia é feita por águas profundas sem afogar o leitor!

Eu faço minha as palavras do reverendo Batista Enéas TOGNINI, ele quando lia um livro relevante que achava maravilhoso com preciosos ensinamentos, ao terminar escrevia na última página "muito bom", "excelente", graças a Deus por este livro.

Descubra como ir "MUITO ALÉM DO QUE SEUS OLHOS VEEM". Boa leitura!

Pr. Isaac Baris.

Teólogo, palestrante Internacional e autor de uma dúzia de livros.

São Paulo

A verdadeira viagem da descoberta consiste não em buscar novas paisagens, mas em ter novos olhos.

(Marcel Proust)

ENDOSSO

Muito Além do que seus Olhos Veem é um livro inspirador e impactante, que vai impulsionar você leitor para uma visão ampla no seu dia a dia em várias esferas da sua vida. Oferecendo reflexões poderosas sobre a vida, em uma jornada de transformação pessoal e espiritual. Com uma abordagem única e ampla, este livro pode ajudá-lo a desenvolver sua inteligência emocional e afetiva e ativar milagres em áreas específicas de sua vida. Não perca a oportunidade de revolucionar sua vida, ampliando a visão espiritual, entendendo com clareza, seu propósito.

Tenho o privilégio de pastorear o autor desta obra *Muito Além do que os olhos veem*. Assim como, sua querida esposa Uiara Cristiane. Sandro Gonçalves é um teólogo que tem propriedade para escrever sobre o assunto pois a inspiração surge não somente de forma literária, mas algo aplicado na sua vida pessoal. Um testemunho incrível em nossa família igreja.

Pr. Leandro Barbosa. Ministério Reviver. Rio Grande do Sul

Tive o privilégio de fazer a primeira leitura do manuscrito desta obra e fiquei impressionado com as dicas sobre como melhorar a forma como nos expressamos através dos olhos. O que imediatamente as coloquei em prática. Até compartilhei com minha equipe para usar em nossas interações com clientes. Os olhos são um dos nossos maiores porta-vozes e nada escapa a eles. Emoções positivas ou negativas, memórias, assimilações, experiências passadas, reflexões, sensações, novas construções visuais: tudo, absolutamente tudo, é refletido neles. Obrigado por compartilhar insights tão valiosos!

Dr. Alessandro Saboia é dentista, empreendedor, criador das lentes de contato dental grifesaboia.

"A leitura dos previne de várias doenças; mas em especial da maior de todas: a ignorância".

Pr. Daniel Duarte.
Rio de Janeiro

"*Muito além do que seus olhos veem*, é um livro surpreendente, com um conteúdo maravilhoso para aprendermos e melhorarmos em muitas áreas da nossa vida. Recomendo e agradeço a Deus por inspirar o nobre escritor a nos trazer assuntos de grande necessidade para esta geração".

Pr. Moisés Martins.
Presidente AD. Três de maio.

APRESENTAÇÃO

Se você está em busca de mudança de paradigma em sua vida, então este livro é para você! A cada episódio, ou capítulo, trazendo reflexões profundas e inspiradoras. Você será levado a um novo nível de compreensão sobre si mesmo e o mundo ao seu redor.

Ao longo das páginas, será levado em uma jornada que abrange áreas como Teologia, Filosofia, Autoajuda, Psicologia, Espiritualidade e Saúde Emocional. Descobrindo as chaves para ativar milagres, crescimento espiritual e sucesso.

Não importa em qual das quatro áreas da vida você busca restauração – seja espiritual, emocional, física ou financeira. Este livro o guiará com sabedoria e profundidade. Através da contemplação, resgatará muitas coisas que pensava ter perdido. Aprenda a usar sua imaginação novamente e descubra as lições de luz que estão escondidas em cada frase e história.

Este trabalho de pesquisa é uma expressão do conhecimento que acumulei ao longo da vida. Agora compartilhando essa luz com você. Por meio de metáforas cuidadosamente escolhidas, você será levado em uma jornada de transformação pessoal profunda.

Deixe que este livro o guie na jornada rumo à verdadeira luz, onde você encontrará o sucesso e a felicidade que sempre procurou. Aprenda a conversar olhando nos olhos das pessoas, desenvolva a curiosidade e encontre a confiança que precisa para ter sucesso em todas as áreas da vida. Abra seus olhos, um incrível mundo está surgindo!

O autor

SUMÁRIO

CAPÍTULO 1
RETINA 21

CAPÍTULO 2
OLHOS DE VER E ALMA DE SENTIR 35

CAPÍTULO 3
OLHOS DA MENTE 45

Ver e enxergar acionam regiões diferentes do cérebro 49

Diferença entre Enxergar e Ver 50

Os olhos dizem muito sobre nós 51

Exemplos Práticos para Visuais, Auditivos e Cinestésico 54

Mito ou Verdade: As pupilas dilatam quando vemos algo que gostamos? 57

A movimentação dos olhos 57

Voltamos a falar sobre Ver e enxergar Ver e Observar 58

O mestre nos ensina a olhar com profundidade 58

CAPÍTULO 4
CONTEMPLAR: E HAJA LUZ! 61

Pise no freio 63

Haja Luz 65

Pesquisadores descobrem um mistério no momento da concepção 69

O que Paulo viu foi a explosão de um meteoro? 71

A Capacidade de Ver 75

Quando o cérebro não enxerga 76

Limitações de nossa Visão 77

CAPÍTULO 5

A FONTE VAI JORRAR EM BACA 81

Chorar faz bem ou faz mal? 82

Nossas vidas e o vale de Baca 90

CAPÍTULO 6

A SOMA DE TODOS OS MEDOS 91

Agindo com Base na Convicção 96

Medo 96

Medo seguro 97

Pura Adrenalina 99

Medo Inseguro 100

Porque temos medo 101

Você já parou para pensar que a Expectativa não é a mesma coisa que Esperança e esta também não é Fé? 104

CAPÍTULO 7

SUPER HUMANO. QUANDO NOSSOS OLHOS VEEM, MAS NÃO ACREDITAMOS. 107

Por um olho! 110

Os Pais são Heróis dos Filhos......................................115

CAPÍTULO 8

O QUE OS OLHOS NÃO VEEM 119

Que os olhos do seu coração sejam iluminados 122

Cuidando do que o coração sente 123

Altoajuda...126

Conhecer seu propósito direciona sua vida 127

Vida com Propósito...129

CAPÍTULO 9

O PRAZER DE DEIXAR-SE ENCANTAR PELO OLHAR DE UMA CRIANÇA.........131

CAPÍTULO 10
CEGUEIRA ESPIRITUAL 133

CAPÍTULO 11
VIAGEM NO TEMPO 143
O Verdadeiro Olhar para nossas deficiências...........................145

CAPÍTULO 12
SEGREDOS DO CONTATO VISUAL.............................153
Poder do olhar...154

CAPÍTULO 13
PISCAR DE OLHOS..163
Abrindo nossos olhos..165
Piscar de olhos 168

CAPÍTULO 14
AMPLIANDO A VISÃO..171
Crenças Limitantes 174
Lei do Retorno..174
Invisível 178
Relembrando as Sete Chaves para Ativar o milagre: 183

CONSIDERAÇÕES...185
Que bom que você chegou até aqui!....................................185

REFERÊNCIAS 187

CAPÍTULO 1
RETINA

Podemos dizer que o olho humano é a lente e o filme fotográfico mais avançados do mundo. Ele é capaz de oferecer uma impressionante definição de imagem com clareza e cores vivas, além do foco extremamente preciso e de acordo com as mais diversas condições de captura das imagens e tudo isso literalmente em um piscar de olhos.

Abordaremos aqui parcialmente uma base superficial de como funciona o olho humano e que inicialmente tudo o que vemos é uma tradução, feita pelo cérebro, dos estímulos luminosos que chegam nos olhos.

Os olhos então, funcionam como uma máquina fotográfica, em que a luz refletida pelos objetos atravessa a córnea, a pupila, o cristalino e chega até a retina, em que células especializadas codificam a imagem e o nervo óptico leva o estímulo para o cérebro.

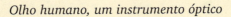

Olho humano, um instrumento óptico

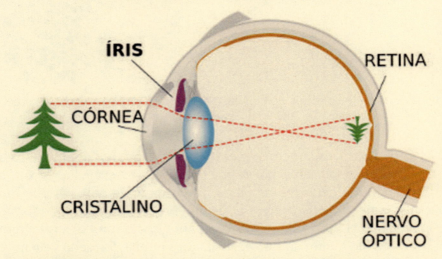

Fonte: disponível em: https://www.google.com.br/amp/s/mundoeducacao.uol.com.br/amp/fisica/olho-humano-um-instrumento-optico.htm#lnspr=W10=

A pupila funciona como o diafragma de uma máquina fotográfica, controla a entrada de luz de acordo com o ambiente, em lugares claros a íris se contrai, fechando a pupila, diminuindo, desta maneira, a entrada da luz e focalizando no centro da córnea e o cristalino. Sendo assim, funcionam como um conjunto de lentes em uma câmera, concentrando os raios enviados à retina, no fundo do olho. Por ser uma lente que retrata a luz ela forma uma imagem invertida.

A luz quando chega na retina estimula células especializadas, os fotorreceptores, em converter o impulso luminoso em estímulo elétrico, e existem dois tipos: os cones, especializados em visão colorida e de detalhes, localizados especialmente na região central e os bastonetes, especializados na visão noturna que se localizam na periferia da retina. O estímulo elétrico decodificado pelas células da retina e conduzido para o cérebro que interpreta as informações.

Como funciona o olho humano

Fonte: disponível em: https://www.hospitalvisaosc.com.br/artigo/11/como-funciona-o-olho-humano

Com aproximadamente vinte e cinco milímetros de diâmetro o globo ocular é responsável por captar a luz refletida pelos objetos. Ao penetrar o globo ocular a luz passa primeiramente pela córnea, um tecido transparente que cobre a parte anterior de nosso olho de forma semelhante ao vidro de um relógio. Seguindo seu caminho, a luz agora passa através do humor aquoso alcançando a pupila, formada pela íris e que funciona como um diafragma, atingindo imediatamente o cristalino que funciona como uma lente de focalização convergindo então os raios luminosos para um ponto sobre a retina.

Na retina mais de cem milhões de células fotossensíveis (sensíveis a luz) transformam a luz em impulsos conduzidos ao cérebro através do nervo óptico. É no córtex visual, localizado na parte posterior do cérebro, em que ocorre o processamento das imagens recebidas pelos nossos dois olhos, compondo nossa "sensação visual".

No processo da visão, a função do olho humano é formar uma imagem, no fundo do olho, que é conhecida genericamente como "retina". Podemos considerar que o olho é um instrumento óptico por tal performance, tanto é que, assim como em uma câmera fotográfica as imagens projetadas no fundo do olho (filme fotográfico) são invertidas, ou seja, de cabeça para baixo.

Isto é o que ocorre com todo sistema óptico, quando é disposto além da sua distância focal, é o cérebro quem faz a "correção" da imagem invertendo-a e nos dando a exata referência de suas posições. Tudo isso ocorre em milésimos de segundos, que ao acordarmos todos os dias, ao abrir nossos olhos não nos damos conta de todos esses surpreendentes, deslumbrantes e fascinantes acontecimentos.

A esta altura você deve estar se perguntando, por que me dediquei a realizar tantas pesquisas, a entrevistar médicos e especialistas para escrever este assunto com tanta propriedade?

Permita-me então esclarecer em detalhes o que me motivou e me fez abrir os olhos literalmente para essa realidade impressionante, desta verdadeira máquina completa e perfeita o "olho humano".

Numa manhã de domingo acordei depois de uma maravilhosa noite de sono muito tranquila, mas ao contemplar minha imagem refletida no espelho do banheiro, notei que algo não estava normal com minha visão, eu não sentia dor alguma, porém um desconforto e notei que não estava enxergando com meu olho esquerdo.

Observei que havia uma leve áurea e confesso que fiquei com muito medo, mas tentava de todas as formas manter minha esperança que não poderia ser algo tão grave.

Conseguimos marcar uma consulta médica com oftalmologista em extrema urgência e no consultório a Doutora me informou que havia uma grave lesão central no olho esquerdo, me encaminhando urgentemente para outro especialista, para fazer um exame com maior precisão em outra clínica.

No dia seguinte após a conclusão do mapeamento de retina na Clínica da Visão o Oftalmologista, especialista explicou-me com uma voz lenta e em tom baixo que o caso era gravíssimo e o laudo: "Hemorragia Macular".

Por ser na parte de atrás do olho (corpo morvícteo) na retina, estaria me encaminhando com urgência a um retinólogo. Sendo assim, procurei saber quem era o melhor doutor do hospital Banco de Olhos de Porto Alegre, no estado do Rio Grande do Sul e para minha surpresa descobri que era o superintendente chefe do hospital, ele o próprio especialista em retina. Exaustivamente foram necessárias algumas horas de dedicação, tentativas e argumentações para conseguir marcar uma consulta com extrema urgência, conseguindo então com grande êxito para o outro dia.

Na manhã do dia 15 de julho enquanto aguardava na sala de espera do hospital, com os olhos fechados tentava encontrar algum motivo para a situação e o momento em que estava vivendo, um turbilhão de pensamentos aleatórios circulava por minha mente, mas não conseguia aceitar a ideia de estar cego de um dos meus olhos.

Fui chamado ao consultório e a equipe assistente do doutor realizando o procedimento inicial padrão me pediu para aguardar que ele já viria me atender. Enquanto aguardava o contraste fazer efeito consegui visualizar com muita dificuldade os diversos diplomas que enchiam uma parede daquela sala. Então por um momento me senti confortável, seguro, e com esperança que estava verdadeiramente em boas mãos. Assim me elevando aquela sensação de alívio temporal prazeroso.

Aquele médico foi muito profissional e gentil, pois explicou de forma leiga o que eu havia tido, uma espécie de derrame no fundo do olho e havia manchado como de sangue a retina aquela finíssima camada de tecido sensível a luz. Sendo assim, não havia nada que pudesse ser feito ele me explicou com muita paciência que existem diversos tipos de cirurgias nas mais variadas partes do olho humano, porém infelizmente o transplante de retina ainda é considerada experimental e neste caso, disse ele: não existe no planeta nenhum tipo de correção desse nível que possa ser realizado.

Prescrevendo subsequentemente dois diferentes colírios, a fim de nos próximos vinte dias para melhor entender a complexidade que o organismo pudesse expelir aquela mancha de sangue da retina. O doutor solicitou com urgência retinografia fluorescente e tomografia de coerência óptica, o que lamentavelmente mesmo particular devido tamanha demanda de urgências no hospital, os referidos exames só poderiam ser realizados em vinte dias.

Desta forma, após este período novamente em seu consultório com os exames em mãos e já passado o tempo de efeito dos medicamentos, me disse: Sandro, lamento muito, mas não há nada mais que possamos fazer pois teu caso é irreversível.

Com a ausência da luz ou da visão física naquele olho tudo me parecia perdido, mas não senti revolta.

Minha oração naquele dia em vez de traduzir-se em palavras convertia-se em lágrimas que escorriam daquele olho sem luz.

Tinha a impressão de estar em um barco na imensidão do mar sem bússola que orientasse, perdido em algum lugar sem saber o que fazer nem que rumo tomar. Senti de perto um sentimento amargo de derrota que se aproximava. Foram momentos difíceis, penosos, horas amargas, dias de crise profunda, de desespero cruel.

Perguntas sem resposta: que farei? Que será de mim? Que será de minha vida? Por que aconteceu tudo isto? Que espero agora da vida? Por que Deus permitiu a perda de minha visão? O que Deus quer de mim? Embaralhavam-se na minha mente confusa, mas comecei a lembrar que esta perspectiva da derrota é apenas um sinal para continuarmos a confiar.

Passei para um novo nível, outra esfera de entendimento, nível da sabedoria e o da observação, de "Ver além do que se vê naturalmente" assunto este que abordaremos nos próximos capítulos.

Sentindo-me feliz e agradecido por ter o que possuía em vez de lamentar com tristeza o que havia perdido.

Lembrava de sofredores que se transformaram em vencedores, porque sempre encontraram um caminho a seguir, para buscar incansavelmente a realização de suas vidas, indiferentemente das circunstâncias adversas.

Então no mar encontrei uma bússola, naquele deserto descobri uma rota, na escuridão um faixo de luminosidade. O lugar que o Espírito de Deus reservara para mim convidando-me insistentemente a conhecê-lo, a encontrá-lo, a mergulhar, a me entregar totalmente e exclusivamente à vontade absoluta de Deus.

Não diga: *"Por que os dias do passado foram melhores que os de hoje?"*, pois não é sábio fazer esse tipo de pergunta – Eclesiastes 7. 10

No momento em que li este provérbio de sabedoria meus olhos espirituais se abriram para uma realidade que existia apenas uma gratidão silenciosa em mim e consequentemente lembrei-me de diversas vezes que mencionei a frase: Gratidão silenciosa não é útil pra ninguém e a ausência de gratidão retém as bênçãos!

Passei então a expressar ininterruptamente a gratidão, pois ela nos ajuda a viver verdadeiramente o dia e o momento como um presente de Deus.

A gratidão tem que transbordar através de mim mesmo sendo um esforço contrário à minha natureza.

Perceber a abundante bondade de Deus através da gratidão mesmo nas dificuldades, é uma porta de entrada para a alegria. Existe uma conexão profunda entre a felicidade e a gratidão e tem mais, além da gratidão produzir felicidade te abre a porta para receber ainda mais.

A história nos conta de nove leprosos ingratos que não votaram para agradecer o recebimento da graça da cura, o único que foi grato voltou até o Mestre para agradecer e Ele lhe disse: "Levanta-te e vai, a tua fé te salvou". Além da cura ele recebeu a salvação. Quando somos gratos Deus sempre tem mais para nos dar.

SE A INGRATIDÃO É CEGA E ADOECE,
A GRATIDÃO NOS PERMITE VER E CURAR,
PORTANTO REVELAMOS AQUI A **PRIMEIRA
CHAVE PARA ATIVAR O MILAGRE:**

A VERDADEIRA GRATIDÃO ANTECIPA MILAGRES

Sejam gratos em todas as circunstâncias, pois essa é a vontade de Deus para vocês – 1 Tessalonicenses 5.18.

Passe a aprofundar o seu olhar para dentro de si, celebrando a vida, festejando a existência e para dentro da realidade de sua vida, muito além do que os seus olhos veem, realizando com muito amor tudo que está ao seu alcance sem lamentar o que está além das suas possibilidades. Porque não apenas o que parece estar, mas efetivamente tudo que está além de suas possibilidades, tudo que é impossível, é, porém, possível para Deus – Lucas 18. 27. Foi o Mestre dos mestres quem afirmou: *"Para o homem é impossível, mas para Deus todas as coisas são possíveis"* – Mateus 19. 26.

Te desafio neste momento a anotar três coisas pelas quais você é grato a cada dia, pelos próximos 21 dias.

Após essa reviravolta em minha vida não desisti e encorajado pela família, em um dia chuvoso de inverno, era 24 de agosto, consegui então entrar no Hospital Hüning instituto de oftalmologia e pesquisa, graças a indicação de um ilustre doutor amigo da família.

No instituto Hüning fui submetido a mais doze exames específicos com muita eficiência. Ovação de pé, ao médico que me assistiu juntamente com sua equipe, lembro como se fosse hoje, que naquele momento, pensava que a mão de Deus estava me amparando, porém, diante do doutor e sua equipe, ouvi o que ninguém gostaria de ouvir, me pediu para que aceitasse que estava cego de um olho, e não havia mais nada que pudesse ser feito, pois lamentavelmente o quadro clínico não havia mudado, ou alterado em nada.

Minha aparência física e meu nervosismo, inclusive o choro, era visível e inevitável ao ponto que a equipe médica me sugeriu fazer sessões de psicoterapia.

Naquela noite assim como nas outras noites anteriores, estava em oração, "já observou como o ser humano fica espiritual, quando sua saúde física é agressivamente atacada"?

Outra coisa que nunca tinha me ocorrido até então era que uma pessoa que só enxerga de um olho não consegue avaliar distâncias, além disso, quando se perde a visão periférica fica sem perceber o que acontece bem do seu lado, sem dizer que os corpos ficam como que aos pedaços, ou seja: as pessoas ao seu lado ao se movimentar de um lado para outro não se consegue vê-la completamente por inteiro.

Com um olho apenas conseguia ver tudo em um plano só, pois a sensação de espaço tridimensional era limitada fazendo com que colidisse com os móveis dentro de minha própria casa e com a visão monocular perde-se a percepção de distância encontrando uma enorme dificuldade para algo muito simples como se locomover em degraus da escada.

Você já ouviu falar em "dominância ocular", ou olho diretor? Mesmo que não tenha ouvido nada a respeito, acredito que em algum momento da vida já percebeu que "enxerga melhor" com um dos dois olhos, não é mesmo?

O olho dominante é aquele que tem maior participação na sua visão, ou seja, é o olho que o cérebro mais recorre para captar informações visuais e transformar em imagens.

Uma curiosidade é que o olho dominante tem mais ligações com o cérebro do que o não dominante, dessa forma, na maioria das vezes o olho "principal" tem melhor acuidade visual (clareza de visão) em relação ao outro e como eu já sabia disto, estava ainda mais decepcionado por este motivo, pois meu olho dominante era exatamente aquele que eu não possuía mais.

Na maioria das pessoas certos esportes exigem que posicione a cabeça corretamente para tirar o maior proveito de seu olho dominante.

A nível de curiosidade se nunca fez o teste, experimente colocar à frente de seus olhos o seu dedo indicador por exemplo, a uma distância de uns 30 cm, mantendo os dois olhos abertos e "focados" em um objeto distante, coloque seu indicador centralizado nesse objeto e observe que você consegue focalizar seu dedo que está próximo ao rosto e subsequentemente alternar devido ao cristalino em seu olho que permite também focalizar o objeto distante alternativamente. Agora feche um olho de cada vez, o olho que mantém o seu dedo diretamente na frente do objeto enquanto o outro olho está fechado é o olho dominante.

Entendo que não existe um padrão específico para lidar com a cegueira ou à limitação de visão como era o meu caso, cada pessoa encontra o seu caminho para fazer as coisas funcionarem e adaptar seu cérebro, e este é o segredo que vou repetir: é necessário adaptar o seu cérebro com muita criatividade e inovação para novas maneiras de ver o mundo.

Possuía também uma dificuldade terrível para ler textos no celular e por esse motivo naquela noite exercitei minha fé crendo com toda esperança, pois tinha em minhas mãos uma pasta com 14 exames, mais atestados e diagnósticos com laudos de três médicos distintos, foi quando em pé, no meio da minha sala de estar, sozinho, fiz um voto com o altíssimo (lembrando que o voto é uma ferramenta, ou melhor, a atitude de posicionamento mais poderosa que temos, como também a única coisa que Deus nos cobra se não cumprirmos) por esse motivo, redobre sua atenção ao fazer este tipo de pacto ou aliança com o Altíssimo.

Sei que poderia ter me proposto diante de Deus a contribuir com valores por exemplo fazendo um cálculo de todos os exames sofisticados que eu já havia feito, porém entendemos que verdadeiramente o que Deus quer de nós, é a honra, Deus nos pede "Honra".

Foi então, naquela madrugada fria, que fiz o voto de dar o testemunho do milagre sobrenatural durante 20 dias ininterruptos, em lugares e ministérios diferentes.

Passado um período de trinta dias depois daquele voto, de minha aliança e meu acordo estabelecido com Deus, nada havia mudado, entretanto a cada dia procurava fortalecer minha fé, acreditando na cura sobre meu corpo mesmo nada acontecendo.

Para acessar o mundo espiritual é exatamente desta forma. Precisamos chamar a atenção de Deus pra nós. Para romper sobre determinadas circunstâncias impossíveis precisamos ultrapassar os limites do natural, tendo atitudes totalmente diferentes das que estamos acostumados e durante aqueles quase três meses que já haviam se passado, mesmo naquela situação de cegueira, estava continuamente aprofundando meus conhecimentos à explorar entrevistando médicos, pesquisando, analisando o maior número possível de informações sobre o olho humano com um objetivo único, de me preparar para futuramente dar meu testemunho verídico do milagre sobrenatural que estava prestes a ser ativado na esfera espiritual.

A grande realidade é que toda e qualquer situação que foge totalmente do nosso controle deixa-nos desesperados, e é mais ou menos o seguinte: quando cessam todos os recursos humanos o Todo Poderoso entra em cena, ou seja, na hora que começamos a enlouquecer consequentemente depois, ficamos mais doido ainda de felicidade, por ver o milagre acontecendo diante dos nossos olhos literalmente.

Foi quando no dia 11 de outubro, era uma terça feira, no oitavo andar de um prédio residencial prosaico nas cercanias de um distrito popular, em Porto Alegre, paredes em tons de gelo em meio ao carpete marrom padrão, a mesa no centro da sala de jantar com cadeiras de madeira com detalhes em tecido estilo rústico e no teto um lindo lustre, a mesa estava posta, aliás uma mesa bem enfeitada enriquece o ambiente, pois mesmo no cotidiano deixa as refeições do dia a dia mais convidativas e especiais.

Minha esposa concorda plenamente comigo e todos os dias ela segue à risca com muito prazer este ritual, pensamos que uma mesa bonita e bem arrumada deixa qualquer refeição mais prazerosa e até mesmo mais saborosa.

Sentei-me à mesa para tomar café da tarde com muita dificuldade para apreciar todos aqueles detalhes pois possuía apenas metade de minha visão. O suco de laranja já servido em uma taça e quando levei a boca para provar aconteceu aquele inesperado acidente que ninguém gosta, parecia que a taça estava furada pela quantidade de suco que derramara em minha camisa branca. Com a cabeça baixa, torcendo de um lado para outro tentando visualizar aquele incidente, pois realmente tinha uma tamanha dificuldade para ver com clareza, lembro-me detalhadamente, aquele instante em que estava com as duas mãos fechadas e apoiadas sobre a mesa. Estava muito tranquilo, realmente me sentia em paz. Então olhando para o lado à minha direita conseguia ver o pôr do sol na grande janela, passei a contemplar aquele lindo cenário, pois o dia estava realmente perfeito e aquele pôr do sol estava magnífico, porém por um instante parecia se formar um arco íris totalmente roxo.

Não parecia ser algo natural, mas sem perceber o que estava acontecendo levantei-me e fui até a janela abrindo o enorme vidro para que pudesse ver com mais clareza, parecia ser algo incrível, mas foi no momento em que tapei meu olho esquerdo com a mão e pude perceber que não existia um suposto arco íris, ou arco roxo, mas meu olho esquerdo que antes não enxergava nada, agora via uma luz roxa, sim! Era apenas um pequeno faixo de luminosidade roxa, à princípio, não significava nada, porém, consegui ver que o milagre divino havia acontecido exatamente naquele instante. Acreditei sem duvidar, dobrei meus joelhos e tomei posse do milagre e falei: obrigado meu Deus, pelo milagre, eu compreendo que esses sintomas podem continuar, mas a cura eu já recebi!

Por outro lado, enquanto alguns continuam dizendo: Senhor cura-me! O Senhor vai responder: já te curei!

E muitas vezes este tipo de atitude ou orações pode se transformar em uma confissão de incredulidade e por este motivo muitos não conseguem acessar ou conectar com o mundo espiritual, ou melhor, ativar a cura!

AQUI TEREMOS OUTRA CHAVE, "TEU POSICIONAMENTO DEFINE OS TEUS LIMITES!"

Existe um romper em tua vida, que você está esperando que se manifeste, mas não deu os primeiros passos de fé, para que se realize!

Entenda que quando você crer nas coisas que não são, como se já fossem, também é necessário que você confesse essas coisas que não são, como se já fossem. Veja esse segredo que poucos conseguem entender e praticar a oração do princípio da visualização não deve ser acompanhada de vãs repetições, mas de certeza e convicção.

Registrei em minha agenda, aquelas datas, enquanto o Espírito Santo me dava convicção de que estava curado e isto aconteceu durante um período de mais 20 dias, aquela luz roxa ficou azul, depois verde, depois laranja, e foi quando as imagens então começaram a surgir e no dia 22 de outubro, enxergava novamente. Voltei ao Instituto Oftalmológico para contar ao doutor e sua equipe o que me acontecera, recebi dele então novo diagnóstico com 100% visão ocular esquerdo e naquele mesmo ambiente outra vez derramei minhas lágrimas, porém desta vez, de alegria não pelo diagnóstico escrito por ele, mas sim pelas palavras que ele disse: *Sandro, Milagres não se explica, se aceita.*

Agora chegava o momento de cumprir com meu voto e confesso que no momento em que prometi contar o testemunho do milagre na íntegra não imaginava que seria tão difícil encontrar vinte ministérios diferentes que tivessem eventos e celebrações de segunda a segunda. Como falei anteriormente, meu voto deveria seguir à risca, todos os detalhes que prometi em oração. O que passei a cumprir na íntegra, dia após dia, nos próximos 20 dias ininterruptos perseverantemente, cumpri a agenda completando assim a honra e o louvor ao Mestre dos mestres Jesus pelo milagre impossível. Pois é neste nome que está acima de todo o nome, sobre o qual, todas as enfermidades estão sujeitas.

Portanto, devemos sempre lembrar que apesar de todos os sofrimentos e calamidades que possam se abater sobre nós a regra é uma só: nunca entrar em desespero.

Lembre-se sempre, você é mais corajoso do que acredita, mais forte do que parece, mais inteligente do que você pensa e muito mais amado do que você sabe.

Josué 1. 9... *"Seja forte e corajoso! Não se apavore nem desanime, pois o Senhor, o seu Deus, estará com você por onde quer que andares"*.

Estamos vivendo uma época de crescente acesso à mente de Deus, abra seus olhos pois um incrível mundo está surgindo e peça a Deus que ilumine completamente a totalidade de teu ser.

Existe uma expressão popular que diz: não podemos ver o mundo através de lentes cor de rosa, o mundo em que vivemos não é o mundo como deveria ser.

A vida pode ser difícil, mas acima de tudo precisa ser leve. Não somos meros acidentes da matéria, gerados por um universo que surgiu sem motivo e que um dia sem motivo, deixará de existir. Estamos aqui porque há algo que devemos fazer, temos uma missão nesta vida e por isto precisamos descobrir qual é a boa agradável e perfeita vontade de Deus para nós, trazendo o mundo mais próximo ao mundo como deveria ser.

Lemos em romanos 12. 2 que a vontade de Deus é boa, perfeita e agradável, logo somente um Deus que enxerga o futuro sabe o que tanto queremos será bom ou não para nossas vidas.

Entender a vontade de Deus que é boa, perfeita e agradável, é estar confiante ainda que as circunstâncias da vida sejam um tanto sufocantes ou desfavoráveis.

Compreender a vontade do Senhor é sinal de que confiamos no Pai e entendemos que Ele está no controle de tudo.

Essa é uma maturidade que precisamos alcançar, sendo um exercício diário em nossas vidas nessa jornada aqui neste mundo. Quando trocamos nossas lentes vemos claramente que não precisamos de fortuna para ser rico ou poder para ser forte. Quando trocamos nossas lentes vemos com clareza que ser feliz é viver pelas coisas simples: amor, família e amigos.

Conseguimos olhar, enxergar, ver e contemplar que a vida é doce e leve quando tocada pelo Divino.

CAPÍTULO 2
OLHOS DE VER E ALMA DE SENTIR

Você já imaginou se pudesse contemplar a essência mais pura da personalidade e da alma de alguém? E se eu te disser que isto é possível através de uma habilidade que qualquer pessoa pode desenvolver se for dedicado. Se bem que existem pessoas com verdadeiros olhos de espelhos, cuja alma é possível elucidar e decifrar!

Inicialmente podemos afirmar que existem olhares que acalmam, que parecem sorrir, outros transmitem amor, calma, segurança e confiança, porém outros ainda são capazes de nos causar medo, desânimo, pavor e ignávia.

Provavelmente você já tenha ouvido a expressão "os olhos são janelas da alma", porta de entrada para receber e doar amor e de acordo com a ciência, isso faz muito sentido e pode ser observada na relação próxima entre o olho e as nossas emoções. Portanto, se tem um conselho que eu possa te dar é: cultive e cative em todo tempo um olhar de mansidão, de benevolência e acolhimento, fazendo com que as pessoas ao se aproximarem de você sintam paz e tranquilidade.

Pesquisadores da Universidade do Missouri, nos Estados Unidos, se dedicaram a observar os níveis de estresse em funcionários enquanto eles desempenhavam alguma atividade simultânea de baixa e alta complexidade, tudo isso por meio da resposta da pupila, nessa ocasião eles avaliaram profissionais de diversos segmentos desde fábricas à escritórios, foram posicionados em uma sala de controle e os pesquisadores utilizaram tecnologia de captura de movimento e rastreamento ocular, e notaram que o comportamento visual dos participantes eram mais previsíveis quando as tarefas eram mais simples. Por outro lado, quando eram complexas ou surgiam mudanças inesperadas, como alarmes, os olhos se comportavam de maneira irregular e havia maior dilatação da pupila.

Por meio dessas observações, os pesquisadores puderam concluir que a resposta pupilar pode ser um componente importante na avaliação da carga mental de estresse de uma pessoa em um ambiente de trabalho multitarefas.

A pupila é o pequeno círculo preto localizado no centro dos olhos, e é uma estrutura muito importante para regular a entrada de luz e a consequente profundidade do foco da nossa visão. Quando há pouca luz no ambiente, ela tende a se dilatar (aumentando de tamanho), e quando há muita luz, a tendência é que ela se contraia.

Conforme observado no estudo, as pupilas também podem indicar nossos níveis de estresse. Quando estamos fora da nossa zona de conforto, o sistema nervoso sintático pode fazer com que haja maior produção de adrenalina e consequente dilatação da pupila, já nas situações de descanso, é normal que se mantenha contraída.

Se procurarmos na internet pensamentos sobre este assunto do título, iremos encontrar um acervo gigantesco de poesias e declarações de amor afirmando que os olhos não são apenas o espelho da alma, mas também o reflexo do coração.

Outra frase impactante é "a beleza está nos olhos de quem vê", trata-se de um ditado popular inglês onde relata que diferentes pessoas podem não considerar bonita a mesma coisa observada.

Albert Einstein (1879-1955) foi um físico teórico alemão, que ganhou o Prêmio Nobel em 1921 e solidificou-se como uma das figuras mais influentes na história da ciência, sendo até hoje um destaque devido sua imensa sabedoria, discernimento e filosofia de vida. Lembro-me de uma de suas frases que diz: "A maioria de nós prefere olhar para fora do que para dentro de si mesmo".

Recomendo o reconhecimento da experiência do agora como um todo, não fragmentado por uma atenção exagerada ao texto, mas contextualizando o ler interligando e associando as ideias sugeridas e apresentadas neste livro ao seu conhecimento e vivência como um aspecto da multiplicidade indescritível do presente.

O pensar modela novas ideias e constrói um mapa criando conexões que vão te fazer ter aquela sensação de audácia, aquele clareamento súbito mental como se você tivesse finalmente encontrado a resposta para o que está procurando.

Gosto muito de alguns pensamentos de um filósofo estoico chamado Lúcio Aneu Séneca (4 a.C. – 65 d.C.) que disse: "Penso que muitos poderiam ter chegado à sabedoria se não pensassem já serem sábios, se não tivessem dissimulado para si mesmos algumas coisas e se não tivessem passado por outras tantas com os olhos fechados".

Jamais feche os olhos para o conhecimento, situações e pessoas estão aí para nos ensinar diariamente. Segundo Sêneca aquele que pensa saber de tudo, nada aprende, pois escolhe a ignorância em nome da arrogância, portanto escolha abrir os olhos para o conhecimento.

Tenho observado nestes últimos anos uma crescente busca pelo conhecimento da filosofia estoica, embora sempre foi considerado uma filosofia para poucos já que esta busca o conhecimento real dos fatos excluindo seus sentimentos envolvidos, propondo que os homens vivessem em harmonia com a natureza.

A citação "O evento está no passado e não pode ser alterado, mas nossa opinião pode" foi muito utilizada pelo filósofo Michel de Montaigne (1533 – 1592) mas o autor da frase era Epicteto (50 d.C. – 138 d.C.), escravo, filósofo estoico grego, tornando-se famosa após ser esculpida no teto da casa de Bill Clinton que, pelo menos uma vez por ano lê o livro Meditações de Marco Aurélio (121-180) imperador romano e filósofo estoico.

Thomas Jefferson (1743- 1826) foi o terceiro presidente dos Estados Unidos e o principal autor da declaração de independência dos Estados Unidos, e tinha Sêneca como leitura diária. O estoicismo foi uma das correntes filosóficas do helenismo mais influentes na antiguidade. Essa escola de pensamento estoico originou-se na cidade grega de Atenas por volta de 300 a.C., embora seu fundador tenha sido conhecido por Zenão de Citio (333 a.C. – 263 a.C.) filósofo da Grécia antiga.

Hoje em dia vivemos tempos conturbados e com a ausência de uma liderança política de credibilidade, não estamos apenas no caos, mas também vivemos à deriva. A sensação de instabilidade e perigo iminente sãos os mesmos experimentados por Sêneca que fez sua previsão onde diante de uma realidade que não temos o mínimo controle, nos motiva a fincar os dois pés no chão e as duas mãos no leme, nos convidando a aceitar a vida como ela é.

O estoicismo pode ser encarado como um sistema que nos fazer suportar ambientes de alto estresse, onde sua essência nos ensina separar o que você pode controlar do que não pode.

Gosto da seguinte passagem de Epicteto: "Não busques que os acontecimentos aconteçam como queres, mas queres que aconteçam como acontecem e tua vida terá um curso sereno", ao avaliar suas palavras analisamos que após um fato ocorrido de forma inesperada é mais fácil mudar nossa opinião ou o próprio evento?

O Estoicismo possui uma forte influência na psicoterapia tal como é praticada por muitos profissionais atualmente, sendo o filósofo Epicteto um grande influente na elaboração da Terapia Racional Emotiva Comportamental.

Você só tem controle sobre suas ações. O passado não pode se mudar e o futuro é incerto. Lembre se que a vida é contraintuitiva, você deve e pode criar metas.

Descubra o que você precisa fazer, ou seja, crie uma meta para cumprir, para realizá-la, e depois disso esqueça a meta.

Foque no que você precisa fazer, exatamente isso, na sua ação, o resultado não está sobre seu controle, mas nas ações para alcançar a meta.

Um bom exemplo de objetivo é conseguir maior qualificação profissional, naturalmente essa é uma ideia muito subjetiva e ampla, ainda assim, é um objetivo concreto e palpável que pode ser alcançado.

O que vai gerar o escopo dessa ideia mais subjetiva e transformar em algo concreto é justamente a meta, portanto o primeiro passo para alcançar o objetivo final seria realizar um curso específico, por exemplo, dessa forma, sua conclusão será uma tarefa que ajudará a chegar mais perto da meta, consequentemente, ela é parte de um objetivo maior e mais complexo, que é o desenvolvimento profissional, sendo sempre um planejamento bem definido fazendo parte de uma trilha de esforços para chegar no objetivo.

Nem todos os dias são fáceis, nem sempre estamos estimulados, mas com um dia bem vivido você pode chegar à noite e dizer: eu combati um bom combate, hoje fiz o que precisava ser feito e agora entrego nas mãos de Deus.

Ame quilo que está por vir, ame o que vier, ame seu destino e ame o que te acontecer, gratidão é a base da aceitação.

Uma das meditações de Marco Aurélio diz: "[...] aceite as coisas que o destino lhe traz e ame as pessoas que o destino te aproxima, mas faça isso de todo o seu coração [...]".

Talvez você pense, era muito fácil para ele escrever isso, pois ele era o cara mais poderoso do mundo na época, o imperador de Roma, mas eu preciso te contar que as coisas não eram tão fáceis para ele. Na verdade, é bem possível que foram muito mais difíceis para ele, do que são para você.

O governo de Marco Aurélio, que se estabeleceu por quase duas décadas, foi marcado por guerras sangrentas e prolongadas, ele não era um carrasco que ficava mandando seus soldados para morrer em uma disputa de poder, como acontece hoje em dia, ele era um líder e colocava sua vida em risco estando presente no campo de batalha. E, como se não bastasse, na época do seu reinado houve uma forte epidemia que tomou conta de Roma durante todo o seu governo e não havia vacinas ou saúde pública como existe hoje.

Imagine então a confusão que foi sem sistemas de comunicação rápido e eficiente, sem conseguir enviar informações sobre o surto de doença. Naquela época estava implantado o caos, assolado por diversas doenças como o sarampo, varíola, malária, tuberculose, poliomielite, peste bubônica, entre tantas outras, e era contra essas doenças também que ele lutava, uma atrás da outra insistentemente, além de também enfrentar desastres naturais como terremotos e outras calamidades, contando também com tentativas de golpes ou assassinatos do imperador.

Então, imagine como ele vivia, o tempo todo sabendo que havia alguém querendo lhe matar. Não sendo apenas os inimigos no campo de batalha, mas também traidores dentro de seu próprio círculo de conhecidos, imagine como deve ser difícil frequentemente perder amigos e pessoas próximas em campo de batalha, portanto a vida de Marco Aurélio não era mais fácil que a sua, mas isso o fez aceitar seu destino sem questionamento e ter vivido uma vida focada em virtudes e ações.

Marco Aurélio enfrentava situações de vida ou morte praticamente todos os dias, e por mais que isso possa parecer algo ruim, talvez isso tudo tenha gerado mais clareza para ele. Você possui a história e os exemplos em suas mãos, você pode fazer o seu melhor e transformar vidas.

Li certa vez um comentário de um formador de opinião que bons livros são verdadeiros diamantes para o cérebro e para a alma, aliás, até maus livros quando bem lidos se tornam pelo menos uma vistosa bijuteria.

Quero afirmar categoricamente que embora apreciando diversos pensamentos ou frases de filósofos estoicos, que se tornaram mitos populares de forte impacto, existem alguns conceitos estoicos que deixam muito a desejar, quando comparados à diversos segredos e ensinamentos teológicos profundos que você irá concordar plenamente conforme iremos construindo esta visão.

Existem diferenças na concepção de destino, natureza e motivação para o bem. No cristianismo há uma providência divina que cuida de cada um individualmente com amor e misericórdia.

Uma das principais diferenças entre o cristianismo do estoicismo é a noção da graça, segundo a qual os homens recebem ajuda de Deus para serem realmente sábios, conformando a vontade não à natureza material, mas sim a Deus, o Criador que transcende a matéria.

O povo Grego estava acostumado a intensos debates em praças públicas onde as ideias eram debatidas entre pensadores e curiosos, questionando as novidades e as sugestões sobre questões da vida, isso proporcionou à Paulo de Tarso (5C. – 67C.) um terreno fértil para debater revelações profundamente espirituais ao mesmo tempo que convencia tanto estoicos, como epicureus, sobre a existência perfeita de algo novo muito além da filosofia debatida ali.

"E alguns dos filósofos epicureus e estoicos contendia, com ele" (Atos 17.18), eram duas correntes muito em voga na Grécia, embora distintas. Chega então Paulo, mostrando um caminho diferente, uma nova perspectiva de ver o mundo partindo dos ensinamentos de Jesus o Cristo. Sabemos que não se resumiu a poucas palavras por causa da estrutura do discurso grego. E considerando que o doutor Lucas foi o historiador, é provável que tenha colocado uma síntese das palavras Paulinas em Atos.

Em suma: o que dizer? Para quem dizer? Como dizer? Sabemos pela leitura bíblica que os outros apóstolos não encontrariam (baseando se na cultura e não na capacitação pelo Espírito Santo) a facilidade que a erudição Paulina encontrou para sustentar vários discursos entre os filósofos gregos. "De sorte que disputava na sinagoga com os judeus e religiosos e, todos os dias na praça, com os que se apresentavam" (Atos 17.17). Tentemos imaginar cerca de 90 dias de debates diários que Paulo se envolveu. Podemos inferir o dobro de discurso se atentarmos que Paulo discursava (debatia) em dois ambientes distintos, na sinagoga e nas ruas, até que foi levado para o Aréopago.

Não sabemos se foi mais um julgamento, pois ao Aréopago cabia a fiscalização de novas religiões. O fato é que tendo chamado a atenção dos gregos, foi conduzido ao lugar mais importante para os filósofos: "E, tomando-o, o levaram ao Aréopago, dizendo: Poderemos nós saber que nova doutrina é essa de que falas?" (Atos 17.19).

Paulo apresentava em contraponto à autonomia epicurista da dependência à Cristo e se dermos um salto no tempo, vemos ainda hoje as pessoas tateando em busca de um Deus Desconhecido, felizes em sua autonomia ao passo que podiam estar felizes de fato nos braços d'Ele.

O pensamento grego considerava a ideia de ressurreição totalmente contrária a ideia de morte como "libertação da alma da prisão do corpo". O epicurista ao aceitar tudo que ocorre na vida como destino inevitável é apresentado ao Deus que pode mudar e moldar vidas, este Cristo deve ser apresentado hoje como um Cristo que transforma as vidas ruins em boas.

Lamentavelmente temos falhado em apresentar (num contexto geral) este Cristo que transforma a imoralidade em moralidade através da salvação. Temos visto ministérios colocando fardos pesados em formas de condutas éticas e morais, quando em verdade ao permitir que Cristo haja no meio a pauta será a verdadeira ética cristã. Podemos inferir que os filósofos epicuristas ficaram chocados.

A nossa realidade não é diferente em termos de cultura da realidade de Paulo, nesta sociedade, encontramos uma série de filosofias que buscam Deus tateando aqui e acolá, por isto é essencial pregações Cristocêntricas e menos teológica, erudição para os eruditos e simplicidade para os simples.

Assim como epicuristas, os estoicistas também foram confrontados ainda na esteira de morra, vemos a respeito dos estoicos: "A afirmação mais rigorosa da autonomia da filosofia foi feita pela escola estoica. A base dessa abordagem de absoluta autossuficiência é o reconhecimento da total necessidade e racionalidade de tudo quanto acontece. A concepção estoica é substancialmente panteísta: Deus e o mundo são idênticos. Tudo aquilo que ocorre é querido por Deus, antes, é Deus mesmo" (Morra, 2001).

Encontraremos uma série de contrapontos no Novo Testamento, mas devemos lembrar que naquela época não havia o que conhecemos hoje por Novo Testamento, então o discurso de Paulo era baseado em suas experiências pessoais.

Para o cristão deste século a importância em conhecer tais formas de pensamentos filosóficos reside no fato de que estoicismo, aristotelismo e epicurismo, exercem ainda uma profunda influência em nossa forma moderna de pensar ocidental, sendo o estoicismo um influenciador da semiótica moderna.

Atualmente o mundo digital tem ganhado espaço através da comunicação em massa, espalhando ritos, costumes e mitos, que acabam por se confundir com a Doutrina Cristã autêntica.

Temos aqui o objetivo de conhecer nossos interlocutores, assim como Paulo: "Então, Paulo, levantando-se no meio do Aréopago e disse: Senhores Atenienses! Em tudo vos vejo acentuadamente religiosos (Atos 17.22). Algumas traduções trazem "supersticiosos" o que reforça o caráter do grego em sua busca por algo que estava sempre além do homem. Os gregos possuíam um temor aos deuses e reconheciam este temor erigindo um altar ao "Deus desconhecido," como forma de agradar algum que porventura não tivessem conhecimento da existência. Vemos que Paulo não deixou se encantar pelas artes grega. Mas preocupou-se em não perder o foco da evangelização.

Quando lemos a história da filosofia dissociada da história do cristianismo, percebemos que a filosofia estoicista é de certa forma aceitável. Mas quando a confrontamos com a Bíblia sagrada, percebemos que esta filosofia é uma tentação ao espírito. "O estoico esquece dos limites da criatura: o seu panteísmo não lhe permite reconhecer a diferença ontológica entre homem e Deus, de modo que é atribuída ao homem a capacidade de redenção" (Morra, 2001).

A do homem é exaltada pela filosofia estoicista, que não leva em conta a miserabilidade humana. Recorrendo a Paulo em sua Carta aos Romanos, vemos "Miserável homem que eu sou! Quem me livrará do corpo desta morte" (Romanos 7.24). A miséria humana do estoico e autonomia humana do epicureu, é assumida conjuntamente pelo entendimento do desastre que o pecado original provocou na humanidade. Trazemos a miséria do primeiro Adão enraizada na alma, e recebemos a grandeza do segundo Adão (Cristo) através da morte sacrificial realizada na cruz do calvário. Enquanto a filosofia estoica permite ao homem o suicídio em casos de doença incurável e perda da liberdade, a Graça redentora permite somente a Deus (que é o autor da vida) tomá-la para si. Se o estoico não suporta a doença incurável e nem a perda da liberdade, podemos dizer que a sua autonomia é uma falácia, que em verdade não existe.

Obedecendo está linha de raciocínio, o Cristão escudado nos ensinamentos do Mestre, tem mais autonomia do que o estoico. A experiência da igreja é rica em perseguições que foram suportadas em Cristo, por exemplo o próprio Paulo, e também Silas, e muitos outros.

O que dizer então da experiência Paulina? "E para que não me ensoberbecesse com a grandeza das revelações, foi-me posto um espinho na carne, mensageiro de Satanás, para me esbofetear, a fim de que não me exalte. Por causa disto, três vezes pedi ao Senhor que o afastasse de mim. Então, ele me disse: A minha graça te basta, porque o poder se aperfeiçoa na fraqueza.

A filosofia tateia em busca de Deus sem saber que ele já se revelou, e Paulo mostra em seu discurso que Deus pode sim ser encontrado e ainda que se somos semelhança dele, como o comparamos às divindades esculpidas em ouro, prata e pedra conforme a imaginação humana. O Espírito Santo usaria Paulo para falar aos gregos e assim o conduziu, sendo ele capaz de falar de forma simples às pessoas simples.

O que Paulo expressou aos gregos foi: "Para que buscassem ao Senhor, se porventura, tateando, o pudessem achar, ainda que não está longe de nós". O termo tatear nos remete as pessoas com dificuldade visual que usam o tato para compreender o que está a sua volta, podendo também estar relacionado a alguém que está no escuro e com a ausência de luz ofusca a visão ou não nos permite ver nada, porém quando é transmitido algum feixe de luminosidade logo consequentemente somos guiados pela luz.

Entendemos que a partir do momento que permitimos este conhecimento fazer parte da construção de nossos pensamentos, o conhecimento passa para outra esfera, o nível da sabedoria. Podemos conferir em Romanos 8. 14. "Porque todos os que são guiados pelo Espírito de Deus esses são filhos de Deus e estão na luz".

E por falar em luz, você já se perguntou para que são seus olhos? Parou para pensar que eles podem na verdade ser como um prolongamento de seu cérebro?

Pare neste momento a refletir, se na caixa craniana não há luz, portanto poderíamos imaginar que nossos olhos são porta ou janela de entrada de luz para nosso cérebro e consequentemente o corpo.

Bom, mas esse assunto é para o próximo capítulo!

Nos vemos lá...

CAPÍTULO 3
OLHOS DA MENTE

Voltamos a falar dos nossos olhos, esta máquina perfeita e sur-preendente de uma delicadeza e precisão extraordinária, mas sabia que a principal função deles não é enxergar?

Mas antes de falar sobre isto, te convido a pensar e lembrar sobre o sol.

Não é nenhuma novidade que a função principal do Sol no centro do nosso sistema solar é fornecer luz e proporcionar calor, sendo fundamental para a sobrevivência dos seres vivos na Terra. A luz é fundamental para a vida e é impossível imaginar como seria nosso planeta e nossa vida sem ela. As plantas usam a luz através da fotossíntese para crescer e se desenvolver, enfim, a percepção da luz pelas coisas vivas é quase universal.

É importante sabermos que cada um de nós temos nosso mapa mental que é onde residem programações que foram formadas durante toda a nossa trajetória de vida. Esses programas englobam toda a nossa percepção do mundo que nos rodeia, bem como a forma como experienciamos esse ambiente e como percebemos essa realidade a qual estamos inseridos.

Podemos dizer que todas as nossas experiências, adquiridas ao longo de toda nossa vida, dentro do ambiente familiar, educacional, cultural, assim como as nossas crenças adquiridas, nossos comportamentos e capacidades formaram o nosso modelo mental.

Como falei anteriormente, em nossa caixa craniana não há luz, então nosso corpo precisa de outra parte para trazer iluminação até a mente.

Sabemos também que, desde os tempos passados, o estudo da luz e também dos fenômenos que a ela se relacionam vêm se desenvolvendo. As primeiras tentativas de explicá-los aconteceram na Antiguidade, quando a hipótese de que a visão era resultado de raios visuais emitidos pelos olhos foi proposta, onde eles supunham que esses raios saíam dos olhos e se dirigiam até os objetos apreendendo sua imagem.

Mas o que se viu posteriormente foi uma dificuldade em distinguir os objetos quando estes estão na ausência da luz, percebida essa dificuldade concluiu-se que não eram os olhos que emitiam os "raios visuais", onde na verdade os olhos recebiam a luz refletida dos objetos e é por esse motivo que um deficiente visual não consegue ver os objetos, pois ele não percebe a presença da luz.

Graças aos questionamentos feitos no passado, na tentativa de explicar a visão, é que os físicos dessa época entendem que o fenômeno da visão está ligado aos dois fatores: luz e olho.

Quando observamos as características dos objetos, tais como cor, volume e forma, vemos que há a necessidade de que esses objetos sejam iluminados por uma fonte de luz, como uma lâmpada ou a luz do Sol. É necessário também que o objeto esteja dentro do campo de visão dos nossos olhos, e seu tamanho também influencia na distância em que poderemos reconhecê-lo.

Estamos cercados de objetos de diversos tamanhos e cores variadas. Assim, estamos tão acostumados a enxergar os objetos iluminados por fontes de luz que nem percebemos que nossa visão de mundo está totalmente relacionada a elas, por exemplo: se iluminarmos um ambiente com luz de cor vermelha iluminando objetos de cores diferentes, veremos que alguns deles apresentam cores diferentes das cores reais do que quando iluminados pela luz branca.

Podemos enxergar um objeto pelo fato de a luz poder chegar até ele, iluminando-o e posteriormente, sendo refletido até nossos olhos. Para os físicos a luz caminha em linha reta, e é por esse motivo que de acordo com a posição que um objeto se encontra ou dependendo da posição da fonte de luz, forma-se uma sombra do objeto.

A pupila funciona como o diafragma de uma máquina fotográfica, controla a entrada de luz de acordo com o ambiente. Em lugares claros a íris se contrai, fechando a pupila, desta maneira a entrada da luz é focalizado no centro da retina, já em ambientes escuros a íris dilata e permite a entrada de mais luz pela pupila, estimulando mais a periferia da retina, onde encontram-se as células responsáveis pela visão noturna. A variação da abertura da pupila, de 2 a 8 mm, equivale a ampliar em até 30 vezes a entrada de luz no olho.

Portanto, são nossos olhos os responsáveis por avisar quando há luz no ambiente, quando isso acontece nossa mente entende que precisa produzir hormônios para nos manter acordados, o mesmo acontece quando estamos no escuro, nosso cérebro entende que precisa ligar a "função" dormir. Por esse motivo dormir em um quarto escuro é fundamental para sua saúde em geral.

É importante ressaltar que as emoções também interferem no que você enxerga, se está com raiva, ansioso, nervoso ou com outro sentimento forte, seus olhos podem ser prejudicados, aliás, você sabia que muitos problemas visuais aparecem após estresses físico ou emocional traumáticos? Se você possui algum problema visual tente voltar no tempo e pensar quando seu problema teve início, afinal, 90% da nossa visão é responsabilidade da mente e se cuidamos dela, cuidamos do restante do corpo também. Mas isto é assunto para outro livro!

Voltando ao início do capítulo, a função dos nossos olhos é ser uma porta de entrada de luz para nosso corpo e cérebro, e são os olhos que informam à mente tudo o que está acontecendo, já que a visão trabalha para nosso cérebro, logo que os olhos percebam tudo à nossa volta a mente saiba o que fazer. Por este motivo dizem que os olhos são o segundo órgão mais importante de nosso corpo.

Sabe aqueles testes de ilusão que vivem aparecendo nas redes sociais? Você já parou para imaginar por que cada hora vê uma coisa diferente?

Isso acontece porque depende do seu ponto de vista, a função da sua mente é interpretar tudo aquilo que seu olho viu e de acordo com o "mapa mental" que citamos no início deste capítulo o que foi criado através de todas as nossas experiências vivenciadas, adquiridas ao longo de toda nossa vida, dentro da família, ou de forma educacional e cultural e a etimologia desta palavra cultura que significa "ação de tratar", "cultivar" ou "cultivar a mente e os conhecimentos", segundo o dicionário genericamente a cultura é todo aquele complexo que inclui o conhecimento, a arte, as crenças, a lei, a moral, os costumes e todos os hábitos e aptidões adquiridos pelo homem não somente em família, como também por fazer parte de uma sociedade, é por este motivo que nossa mente vê algo diferente a cada momento contemplando talvez a mesma imagem, devido à estrutura de sua programação mental.

Sempre que falo sobre este assunto em minhas palestras, costumo enfatizar sobre o poder incrível e maravilhoso da explosão de imagens e símbolos que são acessadas por nosso cérebro em fração de segundos para conseguir associar ao que estamos contemplando sem se quer nos darmos conta disto.

Alguém disse certa vez que quando conhecemos melhor os símbolos, entendemos melhor o mundo.

Portanto deixo aqui minha sugestão, acostume-se a focar sua visão nos mínimos detalhes, por exemplo, ao olhar as horas em um relógio analógico perceba os detalhes dos ponteiros, tente observar e gravar na memória o tipo de números que ele possui, se contém todos os números inteiros ou se eventualmente são números romanos, e depois de um certo tempo tente lembrar de todos os detalhes que você viu, perceba que é necessário aumentar o nível de dificuldade. Um exercício saudável e diferente que proponho é: saia de casa com o objetivo da observação à sua volta, tente gravar na memória sempre o que vê e treine sua mente para se lembrar, isso é uma forma de meditação e estímulo mental e, se possível, anote em um diário ou caderno ou mesmo no seu smartphone ou iPad. Faça anotações de seus insights, eles são muito valiosos, quando precisar de uma inspiração, recorra ao seu diário, eles podem significar algum propósito em sua vida, não deixe essas observações se esvaírem no tempo.

Uma das coisas mais valiosas no ato de observar é que você aprende muito com as pessoas. Procure estar aberto a novos conhecimentos o tempo todo, você pode se surpreender com o simples da vida.

Muitas vezes buscamos por pessoas economicamente e socialmente muito melhores do que nós mesmos, o que não é errado, mas pessoas simples e modestas podem nos ensinar lições incríveis como atitudes positivas, gentilezas e lições de amor. Lembro me agora que há muitos anos tinha uma visão distorcida sobre este assunto, foi quando tive uma experiência incrível com um senhor cultor onde fomos convidados a visitar um parente de um amigo com terras e lavoura em uma cidade de interior, no Rio Grande do Sul, onde conheci o senhor Manoel, não havia frequentado a escola pois desde criança trabalhava na roça, mas por outro lado era portador de uma inteligência de vida invejável. Lembro- me que durante horas fiquei embasbacado, boquiaberto, estupefato, admirado com a tamanha habilidade de raciocínio em qualquer assunto, poder de persuasão em argumentações de observação da natureza que deixaria engenheiro agrônomo, físico, e poeta também pasmados assim como eu fiquei. Posso afirmar categoricamente que a partir daquele momento comecei a imitar seu Manuel, passando a fazer uso desta ferramenta sensacional, a observação, habilidade fundamental que todos nós possuímos. Portanto quanto mais observador nos tornamos, muito mais inteligentes e sensíveis verdadeiramente ficamos.

Quando deixamos nossas diferenças de lado, tudo fica mais fácil, e sabendo de tudo isso é importante salientar que quanto mais aprimoramos a nossa capacidade de ver, subsequentemente, mais expandimos a nossa habilidade para ir além das palavras, de ver e perceber o que está além do enxergar dos nossos olhos.

Convido você a observar tudo ao seu redor sob uma nova perspectiva, buscando sempre expandir a sua percepção sobre as coisas, pessoas, mundo e si mesmo.

Tenho absoluta certeza de que assim você terá descobertas e aprendizados extraordinários e surpreendentes.

Portanto, é importante salientar que quanto mais aprimoramos a nossa capacidade de ver, mais expandiremos a habilidade para ir além das palavras e perceber o que está além do enxergar o que está na sua frente, mas de ver e sentir o que está além das palavras.

Acredito que muitos deficientes visuais conseguem sentir a simplicidade da vida com muito mais pureza e beleza do que muitas pessoas com acuidade visual perfeita, já que seus sentidos são estimulados a todo o instante.

VER E ENXERGAR ACIONAM REGIÕES DIFERENTES DO CÉREBRO

Esta descoberta foi feita com ajuda da ressonância magnética, "Foi notável", disse Teresa Woodruff, um dos dois autores sêniores do estudo e especialista em biologia do ovário na Escola de Medicina Feinberg da Universidade Northwestern. Ver um objeto prestando atenção a ele e simplesmente enxergá-lo envolvem duas áreas diferentes do cérebro. Segundo um estudo publicado em uma edição do Jornal Globo G1[1] da "Science". Embora houvesse indícios de que a consciência visual e a atenção visual fossem funções separadas, não havia ainda nenhuma evidência científica disso. Mas essa evidência foi obtida quando os pesquisadores submeteram voluntários a exames de ressonância magnética para monitorar o funcionamento do cérebro – mais especificamente no córtex visual primário – enquanto faziam testes visuais.

Com imagens piscando diante de seus olhos, os participantes fizeram atividades que envolviam, ou não, prestar a atenção a essas imagens, o

---

[1] Disponível em: https://universoracionalista.org/pesquisadores-descobrem-um-misterio-no-momento-da-concepcao-dando-uma-nova-esperanca-para-pares-inferteis/. Acesso em: 19 maio 2023.

que causou uma variação muito pequena da atividade cerebral, sendo evidente apenas quando eles tiveram que prestar atenção a elas.

Isso comprova que a região está associada à atenção, mas não à consciência, "Eu mesmo fiquei surpreso com a descoberta, mexeu um pouco com a minha cabeça", diz Masataka Watanabe, do Instituto Max Planck em Tübingen, na Alemanha.

"O experimento é único, mostrando diferenças na modulação entre consciência e atenção no córtex visual primário, apoiando, portanto, a ideia de que as atividades neuronais correspondentes à atenção e à consciência são, no mínimo, parcialmente dissociadas", conclui o pesquisador.

DIFERENÇA ENTRE ENXERGAR E VER

Ver e enxergar são ações bem distintas, uma vez que envolvem duas áreas diferentes do nosso cérebro. Ver consiste em focar a atenção e buscar uma visão mais aprofundada do objeto, já o ato de enxergar está ligado no superficial, naquilo que vemos apenas sem analisar.

Portanto a maioria das pessoas acreditava que enxergar e ver algo era a mesma coisa, mas a consciência visual e a atenção visual são mecanismos que atuam de formas distintas e que a nossa mente compreende de modos também diferentes aquilo que vemos.

Portanto a parte do nosso cérebro que usamos para ver é uma e aquela que usamos para nos concentrar numa imagem é outra, nem sempre o que vemos é aquilo que estamos enxergando na realidade. Imagine-se neste momento de frente para um quadro surrealista de gênios como o pintor Salvador Dalí ou Alberto Giacometti que foi um grande pintor e escultor suíço, ou também para figuras de duplo sentido conhecido por imagens com ilusão de ótica, o artista ucraniano Oleg Shuplyak, mestre nesta arte, realmente são incríveis pinturas em que retratam personagens ilustres da história compondo os seus rostos e silhuetas, e em meio a paisagens bucólicas ou surreais que brincam com a nossa mente e testam ao mesmo tempo nossa visão e percepção visual nos confundindo facilmente.

Estes são exemplos perfeitos de como nosso cérebro percebe e entende os estímulos visuais. Então compreendemos que ver e enxergar são realmente ações muito diferentes, já que o ato de ver está em aprofundar sua visão sobre o objeto visto e analisá-lo mais de perto e enxergar é apenas olhar sem avaliar com mais cuidado aquilo que se está passando sobre seus olhos.

Quando você teve acesso a este livro, por exemplo, podemos dizer que ao folhear as páginas deste estaria apenas enxergando suas folhas, entretanto, quando passou a ler suas páginas está realmente vendo e interagindo com o conteúdo apresentado por este autor.

OS OLHOS DIZEM MUITO SOBRE NÓS.

Cada movimento ocular traz uma informação diferente que revela nossos sentimentos e intenções, sejam elas positivas ou não. Nossos olhos além de serem janelas da alma, são responsáveis por mais de 80% das informações que captamos do ambiente externo, o que explica porque na maioria dos casos, precisamos realmente ver para crer.

A forma como expressamos nosso olhar pode ser fundamental em nossa vida profissional, social e inclusive familiar, por exemplo, em um diálogo o jeito como as pessoas se olham faz toda a diferença na transmissão ou recebimento da mensagem, sendo que através dos olhos é possível transmitir firmeza ao orientar ou se demonstrar focado e confiante ao receber novas demandas. Em todo e qualquer ambiente, é necessário que você esteja atento a isso e sempre lembrar de que os olhos "falam".

Para ajudá-lo a aperfeiçoar a forma como expressa o seu olhar, confira algumas dicas:

*Olhe nos olhos das pessoas ao conversar, evite desviar o olhar, sorria com os olhos, evite olhar com os cantos dos olhos, mantenha o olhar determinado quando quiser demonstrar foco, veja tudo o que realmente é importante sendo discreto.

Se o corpo fala, os olhos são um de nossos maiores porta-vozes.

Podemos dizer que nada passa ileso por eles, emoções positivas ou negativas, lembranças, assimilações, experiências passadas, reflexões, sensações, novas construções visuais, tudo absolutamente tudo se reflete neles. Tanto é que o registro ocular assim como as nossas digitais é único e serve como uma forma de validação da nossa identidade em alguns dispositivos de segurança, pois de fato, os olhos não mentem.

Para expandir nossas experiências positivas e construirmos relacionamentos interpessoais produtivos, seja no trabalho ou na vida, a forma como você olha influencia diretamente, se por exemplo, você está numa conversa e mantêm seus olhos nos olhos da outra pessoa, isso demonstra que está receptivo a interagir e interessado no que o outro tem a dizer. Por outro lado, quando você desvia seu olhar e sua atenção, é sinal de que você não está muito disposto a manter contato.

De forma geral, quando os seus olhos estão direcionados para o alto e para a direita, estão conectadas às suas memórias passadas. Já quando seu olhar volta para baixo e para a esquerda, suas sensações e emoções estão sendo vividas ou revividas. Por fim, quando olhamos para baixo e para a nossa direita, estamos num momento de reflexão ou mesmo apenas ouvindo de forma mais passiva o que acontece à nossa volta.

Compreender como nossos olhos se comunicam é uma poderosa forma de aprender a se relacionar com você, o mundo e as pessoas à sua volta, assim além de aprender mais sobre si mesmo também conseguimos compreender com mais precisão o que os outros estão querendo dizer em cada momento. Talvez isso te faça lembrar daqueles filmes da inteligência do FBI ou CIA. Federal Bureau of Investigation. Traduzido como Departamento de Investigação Federal. Quando os detetives conseguem identificar uma pessoa mentindo ou não, através de linguagem corporal. E mesmo que eventualmente a pessoa analisada consiga controlar sua expressão facial ou gestos, "algumas ações dos olhos" não podem ser controladas. Sim parece muita ficção científica, mas é absolutamente verdade.

Tive a oportunidade de ganhar de presente de minha mãe um livro em 1993, que após ler uma sinopse dele ela me falou uma frase única que é dela mesmo: "muito forte" e asseverou: Você vai amar este livro filho! E sugiro você também ler se não conhece, Comunicação Global – Dr. Lair Ribeiro, onde ele explica passo-a-passo como chegar ao "estado de excelência" mudando o pensamento através de pesquisas comprovadas da neurolinguística.

O autor apresenta técnicas para melhoria de comunicação com base na Neurolinguística, sendo uma obra fundamental para todos que se propõem a trabalhar com a comunicação de forma prática.

No referido livro Dr. Lair Ribeiro prova através de estudos científicos o incrível poder do movimento de nossos olhos, onde ao movemos nossos olhos para cima estamos fazendo imagens com a mente, sendo este o componente visual do nosso pensamento. Quando nossos olhos se mexem para cima à direita, estamos criando imagens (você pode perceber que o outro está mentindo, ou inventando história, se ele mover os olhos para esta posição quando lhe for feita uma pergunta cuja resposta deveria saber, mas não sabe). Quando olhamos para cima, à esquerda, estamos relembrando imagens (lembra-se da cor da roupa que você usou anteontem? Se olhar para cima, à sua esquerda, acionará sua memória visual). Quando olhamos para o lado, à direita, nosso cérebro tem mais facilidade de criar sons, se olhamos horizontalmente à esquerda estamos memorizando sons, e ao movê-los para baixo e para a esquerda significa que a pessoa está conversando consigo mesma, mas para baixo e para a direita significa que emoções estão sendo vivenciadas no cérebro.

Em algumas palestras já direcionei perguntas específicas para encontrar no auditório os grupos de pessoas que existem ali e exemplificando assim na prática este assunto. O visual fazendo a pergunta: Como você vê isto? Para o cinestésico, a mesma pergunta, porém substituindo o verbo: como você se sente em relação a esse assunto? Já para o auditivo: qual sua opinião sobre o que estou lhe falando?

Talvez você já tenha ouvido falar em *rapport*, este termo se refere à ligação entre duas pessoas, nós podemos encontrar uma determinada pessoa usando a linguística através do mesmo vocabulário de palavras que coincidem com o canal predominante da sua percepção.

Qual é seu estilo de Aprendizagem?

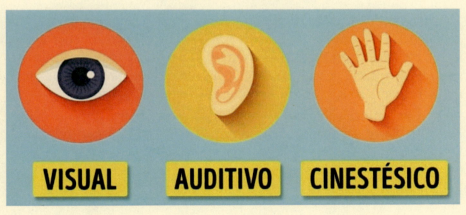

Fonte: disponível em: https://estudodireito.com/2020/08/12/qual-e-o-seu-estilo-de-aprendizagem-conheca-os-seus-pontos-francos-e-fortes/

EXEMPLOS PRÁTICOS PARA VISUAIS, AUDITIVOS E CINESTÉSICO

Cada um terá preferência por um canal, mas às vezes o visual ou o auditivo pode demostrar algumas características de cinestésico.

A dança mexe com os 3 canais: visual, auditivo e cinestésico, por isso agrada a todos.

O Cinestésico precisa se movimentar e dançar para "ouvir" melhor a música por exemplo.

Vamos primeiramente diferenciar cinestesia de sinestesia, onde em um sentido genérico, o termo Cinestesia é composto por dois radicais, "Cine" que significa movimento e "Estesia" que indica sensação ou percepção. Cinestesia, portanto, seria uma sensação ou percepção de movimento.

Sinestésico (do grego συναισθησία, συν- "união" ou "junção" e -αισθησία "sensação") é a relação de planos sensoriais diferentes, por exemplo: o gosto com o cheiro, ou a visão com o tato.

A Sinestesia parece ser mais comum do que se pensa. Estudos recentes mostram que entre 4% e 5% da população mundial ou cerca de 1 a cada 20 pessoas apresentam esta característica.

Antes era comum pensar que ocorria mais com mulheres, a cada 6 mulheres tinha 1 homem com sinestesia. Contudo a psicóloga britânica Julia Simner, da Universidade de Edimburgo na Escócia, chegou a uma conclusão interessante: que a sinestesia é uma condição genética ligada a pelo menos 3 cromossomos, entretanto não está ligado ao cromossomo sexual, ou seja, ao par XX ou XY, portanto a incidência entre homens e mulheres é quase igual, mais equilibrado do que se pensava.

A pessoa com sinestesia vê o mundo de uma forma bem peculiar. Há cerca de 60 tipos diferentes de sinestesia que já foram relatadas. O Sinestésico tem a ver com aquele que é "sensorial", ou seja, aquele que é capaz de fundir ou misturar diferentes sentidos humanos.

Algumas pessoas sinestésicas conseguem ouvir um movimento visual (audição + visão); conseguem sentir cheiro vendo alguma imagem (olfato + visão); sentir gosto ou sabor de uma imagem visual (paladar + visão); ainda outros conseguem visualizar cores ao ouvir uma música (visão + audição).

A pessoa com sinestesia enxerga literalmente várias cores ao ler um livro. Quando estão diante de números, letras, dias da semana e meses, conseguem associar cada um, com uma cor diferente.

Além disso, o poder de associação deles é num grau muito maior que o nosso, inclusive constatou-se que a memória deles é maior que a média da população.

Veja este exemplo:

SSSSSSSSSSSSSSSSSS5SSSSSSSSS

Viu algo de diferente?

A maior parte das pessoas só enxerga que tem o número "5" no meio de várias letras "S" depois de olhar mais atentamente.

Portanto, o sinestésico tem um tempo de reação muito mais rápida, em perceber a diferença, do que a maioria das pessoas.

Apenas salientando que cada sinestésico faz sua própria associação e vê como cores.

Explicando melhor, neste caso se você eventualmente for sinestésico poderá então, estar vendo a letra "S" em cor vermelho e o número "5" em azul.

No entanto, a sinestesia ocorre uma em cada vinte pessoas e é ainda mais comum entre os artistas.

Hoje, cientistas em quinze países estão explorando a sinestesia e como ela está mudando a visão tradicional de como o cérebro funciona. Não é um distúrbio, mas um traço neurológico.

A realidade é mais subjetiva do que a maioria das pessoas imagina. Não é mera curiosidade, a sinestesia é uma janela para a mente e o cérebro, destacando as incríveis diferenças na forma como as pessoas veem o mundo.

Falando nisto lembrei de quando conheci a mulher mais linda deste planeta, sim evidentemente minha esposa. Nos vimos no Banco do Brasil, nossas famílias já se conheciam há algum tempo, porém eu não lembrava mais dela. Então quando ela me viu lá sentado aguardando o consultor financeiro se disponibilizar para me atender, ela decidiu vir caminhando lentamente atravessando aquele enorme salão até mim e perguntou: você lembra de mim? Naquele instante fiquei completamente sem jeito, entretanto fui extremamente sincero e respondi: não! Confesso que foi engraçado a reação dela e todas as expressões faciais por uns breves oito segundos de silêncio absoluto. Mas como você também já deve ter tido esta experiência, foram meus olhos fixados nos olhos dela que ativou dentro de ambos algo profundamente magnífico. Certo é que me tornei um poeta mesmo com um pouco de timidez, me muni de uma coragem extraordinária e falei:

– Você possui olhos muito interessantes... ela erguendo bem as sobrancelhas e mudando a expressão de surpresa respondeu com um sorriso encantador:

– Muito obrigada!

Eu então disse:

– Seus olhos falam, sabia?

– Não sabia, nunca pensei que isso era possível e o que exatamente eles estão falando neste momento? Me perguntou.

Respondi imediatamente sem pestanejar:

– Eles dizem que existe muito mais nesta mulher interior do que se pode imaginar assim apenas contemplando e apreciando sua beleza exterior!

Naquele momento vi seus olhos bem abertos brilharem com um brilho sensacional e verdadeiramente sorria com os olhos. Até hoje minha esposa diz que meus olhos são encantadores e foram eles que de certa forma a seduziram.

Tente ser mais sensível, para apreciar os momentos agradáveis da vida.

Aprenda a decifrar a linguagem dos olhos.

Porque seus olhos falam, sabia?

Os olhos não só refletem o que está acontecendo no cérebro como também podem influenciar a maneira como nos lembramos das coisas e tomamos decisões.

Nossos olhos estão em constante movimento e enquanto alguns destes são controlados, muitos ocorrem inconscientemente.

Quando lemos por exemplo, fazemos uma série de deslocamentos oculares muito rápidos.

A comunicação verbal abrange apenas uma pequena parte do que estamos constantemente expressando. Nossas palavras nem sempre comunicam o que realmente queremos dizer, elas são filtradas pelos condicionamentos sociais ou pelas circunstâncias. Algo muito diferente ocorre com os olhos e por isso são chamados de "janelas da alma".

A linguagem dos olhos é basicamente inconsciente, não temos controle sobre a forma de olhar, a dilatação das pupilas ou a umidade dos olhos. Então podemos chamar de linguagem das pupilas.

As pupilas são tão sutis que muitas vezes passam despercebidas, mas elas têm uma linguagem própria que é possível decifrar.

MITO OU VERDADE: AS PUPILAS DILATAM QUANDO VEMOS ALGO QUE GOSTAMOS?

Segundo os especialistas no assunto é Verdade! Pode parecer estranho, mas tem uma explicação.

Podemos controlar o que dizemos e o que fazemos, mas a linguagem dos olhos é basicamente inconsciente e são essas informações que trazem à tona muito do que passa pela nossa cabeça, então reitero uma vez mais que por este motivo são chamados de "espelhos da alma".

A dilatação das pupilas muda automaticamente de tamanho de acordo com as circunstâncias e sem nos pedir licença. Normalmente as pupilas se dilatam quando vemos um objeto interessante e que aceitamos sem hesitação, ou então na penumbra, quando temos dificuldade de enxergar alguma coisa. Se as condições de iluminação são normais, a dilatação da pupila é sinal de interesse e atração.

E em contrapartida quando estamos diante de algo que rejeitamos ou sentimos medo, as pupilas se contraem. As pupilas contraídas demonstram hostilidade ou mau humor, mesmo que não estejamos olhando diretamente para o objeto que nos desagrada. Se pararmos para observar, além de semicerrar os olhos, uma pessoa que está pronta para atacar tem as pupilas contraídas.

A MOVIMENTAÇÃO DOS OLHOS

Os olhos estão sempre se movimentando, inclusive quando estamos dormindo, produzindo movimentos nas pálpebras ou no globo ocular difíceis de captar, mas existem alguns movimentos que conseguimos analisar e explicar.

Esses são alguns exemplos desse vasto universo que a comunicação não verbal nos comunica constantemente sem sequer nos darmos conta disto.

São úteis para desvendar o que dizem as pessoas com quem falamos e podem ter um valor significativo porque conseguem revelar dados isolados que estão gravados em nossa memória.

VOLTAMOS A FALAR SOBRE VER E ENXERGAR VER E OBSERVAR

A observação é uma ação poderosa. Duas pessoas podem ver a mesma coisa, mas ambas podem estar observando algo completamente diferentes. O aprendizado real vem daí, quando não estamos vendo e sim observando, estamos enxergando algo com profundidade. Ver é um processo físico, observar é ver além dos nossos pensamentos. Quando estamos em estado de observação, fazemos conexões e compreensões muito mais profundas de alguma coisa.

É fato que não estamos observando em tempo integral, isso exige um esforço muito grande de nós mesmos e para uma observação mais ativa é necessário bastante esforço.

Durante todos os anos em que fui professor de Teologia procurei transmitir aos meus alunos exatamente isso, enxergar com profundidade todo e qualquer assunto estudado. Podemos conferir esta afirmação nas palavras do Mestre dos mestres Jesus, que disse: "Examinai as escrituras, porque cuidais ter nelas a vida eterna e são elas que de mim testificam." João 5.39.

O MESTRE NOS ENSINA A OLHAR COM PROFUNDIDADE

Assim como um aluno de artes plásticas necessita que seu professor lhe empreste os olhos para observar os detalhes de uma obra: cor, luz, sombra e profundidade. Precisamos educar nossos olhos e os olhos do nosso coração. Isso requer tempo e persistência e para isso necessitamos de um bom mestre, o colírio da vida que foi receitado e usado pelo Mestre, precisa ser empregado com muita frequência por todos aqueles que se encontram sedentos dessas gotas de cura interior.

Sua postura é sempre de alguém que enxerga além do óbvio e quem vê somente o óbvio não enxerga.

Ele não olhava a partir dos preconceitos, pelo contrário, estava sempre desarmado e ajudava as pessoas a se desarmarem, já que a observação passiva é mais natural no ser humano.

Muitos pensadores dizem que ver é acreditar, embora muitas pessoas vejam algo e mesmo assim não acreditam, mas com a observação elas acreditam com mais veemência.

Uma certa vez estávamos participando de uma cruzada de milagres em que o Poder de Deus estava sendo manifesto através de milagres visíveis e palpáveis, foi quando lembrei de convidar um amigo meu que era "agnóstico ateísta" (ateu não acredita em Deus / agnóstico ateístas acreditam não ser possível provar a existência de Deus nem acreditam nele) entre os ateus famosos estão o filósofo Friedrich Nietzsche e entre os agnósticos, o ator Charlie Chaplin.

Bom, voltando para aquele dia em que meu amigo agnóstico ateísta, aceitou meu convite por curiosidade tão somente, porque queria "ver" e inclusive ele confessou queria também tocar nos supostamente curados e entrevistá-los. Naquela oportunidade o ministrante inspirado pelo Espírito Santo iniciou com muita premissa trazendo uma reflexão sobre espiritualidade e materialidade, onde a espiritualidade seria o Crer para Ver e a materialidade o Ver para Crer.

Com base no texto de João 20. 29 – Ao que Jesus lhe afirmou: "Tomé, por que me viste acreditaste? Bem-aventurados os que não viram e creram!" Creia em Jesus, o Filho de Deus.

Após ler este texto, iniciou seu discurso dizendo que a fé é uma fonte para a visibilidade ao crer você pode "ver", você poderá sentir a força da espiritualidade e a possibilidade de crer e sua crença não ter o poder de ser palpável. Embora a Bíblia afirmar que Deus nos deu a todos os seres humanos a Fé, assim como temos todos os órgãos de nosso corpo, também possuímos a fé que precisa ser exercitada. Hebreus 11. 1- Ora, a fé é o firme fundamento das coisas que se esperam e a prova das coisas que não veem.

E é com esta crença em algo realmente impossível, que prioritariamente algo poderá se materializar. Portanto temos que acreditar e inverter a ordem atual das coisas tanto quanto for possível e necessário.

Nada naquela celebração parecia ser sobrenatural até aquele momento em que foi feito um convite para alguém que desejasse em seu coração aceitar a Jesus Cristo como seu único exclusivo e suficiente salvador e meu amigo, sim aquele agnóstico ateísta, foi profundamente tocado de forma que seus "olhos espirituais" foram abertos através de uma mensagem de salvação.

Mas não acabou assim esta história, naquela mesma semana ele me procurou e disse com muitas lágrimas nos olhos que sua mãe estava para ser submetida a uma cirurgia naquele dia logo após a celebração, para retirada de um câncer já em estado bastante avançado, e para espanto de todos, a equipe médica responsável no hospital lhes notificou que um milagre sobrenatural havia acontecido e em sua mãe não existia mais o câncer.

Também não pude conter a emoção e chorei de alegria com ele pois conseguiu ultrapassar a barreira da materialidade de Ver pra Crer na espiritualidade invisível de Crer pra Ver, e o sol da justiça nasceu e se pôs para toda sua família no dia em que ele tomou acertadamente aquela nova decisão.

E assim diz o Senhor: Para vocês que reverenciam o meu nome o sol da justiça se levantará trazendo salvação e cura em suas asas (Malaquias 4.2).

Sobre as pessoas que creem, brilha a luz que revela toda a verdade e reverenciar o nome do Senhor, colocá-lo em primeiro lugar em nossa vida, isso faz com que derrame bênçãos sem fim sobre filhas e filhos.

O que significa "levantar o sol da justiça"? Deus criou o sol com sua luz para nos dar o conforto necessário, possibilitando vida e calor. Como iniciamos este capítulo, significa também que o sol deixa as coisas claras. É debaixo da luz que vemos as coisas como elas são. A luz nos revela que Deus nos oferece uma nova forma de viver: uma vida de proteção e justiça "O Senhor Deus é sol e escudo; o Senhor concede favor e honra..." Salmo 84.11. O Senhor vem a nós e Ele é a justiça da qual precisamos.

E o que significa "trazer cura em suas asas"? Suas asas são como os raios do sol, são em linguagem figurada, proteção e cuidado. O Todo Poderoso se preocupa conosco, cuida de nós, o Altíssimo nos ama e Ele nos cura, portanto podemos descansar em suas asas e nEle confiar.

Mantendo nossos olhos fixos em Jesus.

CAPÍTULO 4
CONTEMPLAR: E HAJA LUZ!

Concluímos no capítulo anterior então que enxergar é ver com dificuldade, é perceber com os olhos o objeto sem distinguir suas partes ou em outras palavras seria o mesmo dizer que olhar é movimentar os olhos de um lado para outro, enquanto ver é perceber pelo "sentido da visão".

Repito o que falamos no capítulo anterior que não estamos observando em tempo integral, isso exige um esforço muito grande de nós mesmos e para uma observação mais ativa é preciso de esforço.

Ver com profundidade é perceber um estado de alerta, de presença, é ir além do físico dando vazão ao que está oculto, ao que é invisível por meio do pressentimento e abrir-se à contemplação.

Este nível da contemplação requer um pouco de atenção e concentração, um mergulho em si mesmo permitindo a fruição da imagem, ter a paciência para deixar aperfeiçoar suas características e observar quais impressões ela provoca em você, concatenar ideias, conceitos com emoções e valorizações advindas de sua própria experiência.

Na Bíblia sagrada os salmistas são os maiores exemplos sobre este assunto, pois eles escreveram revelações profundas sobre as coisas espirituais em um nível muito elevado usando como um bom poeta a contemplação da natureza.

Deus nos criou para meditação e para contemplação, apreciação das obras de suas mãos. A criação da natureza e tudo que existe tem o poder de nos inspirar, pois viemos do "jardim" e por este motivo precisam aprender a arte da meditação ou contemplação. Adorar por contemplação Louvemos a Deus pelo sol que brilha e nos aquece, pela diversidade de cores que conseguimos distinguir na natureza verde!

Costumo dizer que na Bíblia existem os livros históricos onde Deus fala dos homens, nos livros proféticos Deus fala com os homens e nos livros poéticos onde está neste grupo inserido os salmos onde os homens falam sobre Deus.

É fundamental desenvolver este conhecimento que te leva a condições de saber ver e não simplesmente olhar. Portanto é necessário ver com os olhos da mente em busca inclusive de enxergar o que não pode ser visto a olho nu.

Passamos a analisar *salmos 139. 13 ao 18,* que o grande Rei Davi escreveu:

"Tu criaste o íntimo do meu ser e me teceste no ventre de minha mãe. Eu te louvo porque me fizeste de modo especial e admirável. Tuas obras são maravilhosas!

Os teus olhos me viram a substância ainda informe, e no teu livro foram escritos todos os meus dias, cada um deles escrito e determinado, quando nem um deles havia ainda. Meus ossos não estavam escondidos de ti quando em secreto fui formado.

Como são preciosos para mim os teus pensamentos, ó Deus! Como é grande a soma deles! Se eu os contasse, excederiam mais do que os grãos de areia".

Pare para pensar por uns minutos sobre os pensamentos do Altíssimo comparado com os inúmeros grãos de areia de todos os mares e oceanos do planeta, realmente é inimaginável. Para começar li no site do Woods Hole Oceanographic Institution que a areia das praias, é como uma impressão digital, é exclusiva de cada praia e que mais de 80% dos oceanos ainda permanecem inexplorado pelo homem, portanto diante de tamanha magnitude é maravilhoso pedir a este Deus Criador os seus pensamentos sobre nós como os sábios assim o fazem.

É imprescindível olhar para o mundo com os olhos da alma exercitando a imaginação quando se quer enxergar com sensibilidade e exatidão. Abrindo-se para o novo e o desconhecido, pois o ato de ver é uma experiência complexa e o ato de contemplar é uma experiência psíquica e espiritual.

Minha mãe possui um grande talento e seu hobby é pintar tela à óleo. Costuma dizer que contemplar a existência das coisas é perceber a potente beleza que está presente em tudo o que acontece a nossa volta, tudo o que nos é registrado pelo olhar e que nos convidam a meditar sobre a importância de enxergarmos um pouco mais além.

"É preciso desaprender a olhar o mundo para nos libertarmos do olhar distraído e condicionado por tantos estímulos. Carecemos urgentemente de

olhar por inteiro as coisas ao nosso redor, ver e enxergar o todo, apreciar os detalhes, captar as minúcias que mora em cada coisa e em cada ser; nos maravilharmos a cada instante com o novo e o inesperado. Necessitamos aprender a reeducar o olhar".

Extraído e adaptado de: (*) Texto publicado no Jornal Fuxico Ano XVI – Nº 41 – maio/agosto 2018. NIT- Núcleo de Investigações Transdisciplinares do Departamento de Educação da UEFS.

PISE NO FREIO

Se você está todo tempo preocupado ou pensando em algo peço que desacelere sua mente, pare de pensar demais. Quando estamos com nossa mente tão ocupadas não conseguimos ouvir o outro ou entender o que está acontecendo ao nosso redor e com certeza, muitas coisas estão acontecendo à nossa volta, em todos os ambientes que pertencemos. Acalmar a mente irá fazer você ter uma compreensão melhor do mundo.

PORTANTO AQUI DESTACO A SEGUNDA CHAVE:

ACALME SUA MENTE

Se alguém quer que o outro não capte nada do que está acontecendo à sua volta é só experimentar chamar sua atenção, para que ele não tenha tempo em prestar atenção no que está acontecendo naquele exato momento. Por isso olhe ao seu redor, "pise no freio" e preste atenção nos detalhes, acalme sua mente para ter mais foco e clareza das coisas.

HAJA LUZ

Gênesis 1. 3-5 declara: *"Disse Deus: Haja luz! E houve luz. E viu Deus que a luz era boa e fez separação entre a luz e as trevas. Chamou Deus à luz Dia e às trevas, noite. Houve tarde e manhã, o primeiro dia."*

Alguns versículos depois, somos informados em Gênesis 1. 14 ao 19 *"Disse também Deus: Haja luzeiros no firmamento dos céus, para fazerem separação entre o dia e a noite; e sejam eles para sinais, para estações, para dias e anos. E sejam para luzeiros no firmamento dos céus, para alumiar a terra. E assim se fez, Fez Deus os dois grandes luzeiros: o maior para governar o dia, e o menor para governar a noite; e fez também as estrelas. E os colocou no firmamento dos céus para alumiarem a terra, para governarem o dia e a noite e fazerem separação entre a luz e as trevas. E viu Deus que isso era bom. Houve tarde e manhã, o quarto dia".*

Como pode ser isso? Como poderia haver luz, manhã e noite no primeiro, segundo e terceiro dias se o sol, a lua e as estrelas não foram criadas até o quarto dia?

Que luz seria essa que Deus criou no primeiro dia da criação? Primeiramente, precisamos ter em mente que toda a criação se deu de forma repentina e proveniente do nada, ou seja, não derivam de elementos criados já existentes, mas apenas de Deus. É o que os eruditos denominam de *creatio êx nihilo*, é latim para "do nada". O autor de Hebreus traz uma questão intrigante aos céticos e cientistas ao dizer que todas as coisas foram feitas do insubsistente, sem matérias previamente existentes.

Observamos as bordas do texto das sagradas escrituras que "Pela fé, entendemos que foi o universo formado pela palavra de Deus, de maneira que o visível veio a existir das coisas que não aparecem" – Hebreus 11. 3.

Os eruditos bíblicos entendem que isso significa que o universo veio a existir por ordem divina e não foi montado a partir de matéria ou energia preexistente.

Mas o que era então essa luz que existia antes do Sol e demais luminares celestes? Dar uma resposta definitiva a esse respeito não é uma tarefa simples, até mesmo para os mais peritos no assunto, entretanto, podemos inferir algumas conclusões:

O primeiro destaca a relevância de Deus ter criado a luz antes do Sol. Os defensores desta corrente apontam para a importância de se notar que o nome "sol" fora dado a essa estrela apenas em Gênesis 15.12, o que para esses estudiosos significaria uma resposta antecipada de Deus contra a adoração desse ser inanimado. Muitos povos pagãos da Antiguidade, principalmente os egípcios, adoravam o Sol como uma divindade, porém, antes de sua existência Deus já existia em toda a sua glória.

E prosseguindo a nossa jornada pelo livro do Bereshit, Gênesis, chegamos à revelação de algo essencial à vida: a luz! O mais interessante de se estudar sobre a origem da luz é notar que ela aparece antes mesmo da criação do sol.

Deus disse: Haja luz! E houve luz" (Gn 1.3).

Diante disso, entender-se-ia que a luz a que se refere Gênesis 1. 4 é a manifestação da glória de Deus em forma de luz (1Jo 1. 5), antes mesmo da criação dos seres animados e inanimados.

Assim, Deus revela ao homem que Ele é superior a tudo quanto existe e se move sobre a terra. Isso também serve para mostrar que as coisas criadas não são divindades, portanto, não são divinas (doutrina conhecida como "panteísmo") embora a criação atue como prova suficiente e cabal da existência de Deus.

Pense nisso!

Porque Deus, disse: das trevas resplandecesse a luz, Ele mesmo brilhou em nossos corações para iluminação do conhecimento da glória de Deus, na face de Jesus.

Agora veja, a luz na Bíblia existe desde Gênesis até ao Apocalipse, e em ambos ela é existente mesmo sem a presença de luminares. No Gênesis a luz aparece antes da formação do sol, no Apocalipse os luminares não existem mais, porém a luz continua já que emana do próprio Criador.

Analisando de forma cuidadosa vemos luz e trevas, mas sem sol. Não há como deixar de se perguntar: Há uma diferença de quatro dias entre a luz e a criação dos luminares. Como pode ser isso?

O Hebraico Bíblico é uma língua muito antiga, naturalmente é uma língua que possui muito menos palavras que as línguas modernas. Vários termos novos surgiram e outros adquiriram novos significados.

E ainda temos que ter em mente que os textos bíblicos não querem apenas ficar no sentido plano, direto e superficial. A Bíblia foi escrita com um propósito maior, o de levar conhecimento espiritual por meio de palavras literais. Isso faz com que muitos textos assumam sentidos que estão "além da superfície".

Precisamos compreender que a verdade absoluta de revelação de Deus se encontra em camadas muito mais profundas do que mera declaração teológica.

Aliamos esse fato a um dos significados do verbo usado no Gênesis 1. 3, (הָיָה "haya") ser/estar/vir a ser/se tornar, mas todos esses significados dependem da voz (ativa/passiva/reflexiva) da forma verbal e do "humor" verbal.

No verso "Haja luz", o verbo hebraico "hayah" também significa "aparecer".

Então, pra que a gente possa (re)traduzir o texto de Gênesis 1. 3 "Haja luz" de uma forma que revele como seria possível haver luz mesmo sem haver o sol, precisamos aliar o conhecimento da gramática hebraica com os significados do verbo "hayah".

Essa tradução, baseada na gramática e no contexto muda radicalmente o entendimento desse verso. Essas palavras não tratam da criação da luz, porque ela já existia. A luz não pode ter sido criada pois ela é eterna. A luz na visão bíblica é a representação do próprio Deus. Por isso ela existe mesmo sem sol, sem lua e nem estrelas.

De acordo com Apocalipse 22. 5, Deus é a fonte primordial da luz, sendo esta a projeção Dele mesmo, ou seja, sua extensão. Em algum nível a luz de Deus é o próprio Deus; faz parte Dele e é o que chega até o mundo físico e que nos permite ver aquilo que é espiritual.

Essa luz estava oculta no princípio e continua oculta este mistério para muitos ainda hoje.

Há evidência textual que havia algo "oculto" não revelado no princípio da criação, os Apóstolos falaram sobre esse mistério tanto nos Evangelhos quanto nas suas cartas. Interessante é notar que o verso anterior, do Gênesis, traz uma palavra que também significa "oculto" ou "lugar secreto", vamos ver esse versículo no original também: isso porque as palavras em Hebraico podem carregar mais de um sentido, em mais de um dos quatro níveis de significados existentes no texto bíblico. Assim, em um nível a palavra חֹשֶׁךְ "hosher" significa "trevas", ou "escuridão"; entretanto em um nível mais profundo, também significa "algo oculto", ou "em segredo".

Que a luz apareça", faz muito mais sentido porque essa luz estava oculta em Deus.

E demonstrar a todos qual seja a comunhão do mistério, que desde os séculos esteve oculto em Deus, que tudo criou por meio de Jesus Cristo o que lemos em Efésios 3. 9.

E essa Luz é antes do sol porque muito antes do sol do céu e da terra, essa Luz já existia. O qual na verdade em outro tempo foi conhecido ainda antes da fundação do mundo, mas manifestado nestes últimos tempos por amor de vós; 1 Pedro 1. 20.

É esse também o testemunho que deu o Apóstolo João quando falava acerca da luz que foi revelada desde o princípio. Ali estava a luz verdadeira, que ilumina a todo o homem que vem ao mundo. Estava no mundo e o mundo foi feito por ele, e o mundo não o conheceu. João 1. 9,10.

E a própria luz falou dela mesma. E o Seu testemunho é verdadeiro e fiel: Falou-lhes, pois, Jesus outra vez, dizendo: Eu sou a luz do mundo; quem me segue não andará em trevas, mas terá a luz da vida. João 8. 12.

Até a tradição Judaica falou dessa luz, como sendo o próprio Messias:

"A luz habita com Ele – este é o Messias [o Cristo], como está escrito em Isaías 60. 1 "Levanta-te, resplandece, porque vem a tua luz". Bereshit Rabbah Gênesis 1. 6 E viu Deus que era boa a luz; e fez Deus separação entre a luz e as trevas. Gênesis 1. 4.

Essa separação foi reforçada no verso seguinte. A intenção era acentuar a diferença entre a luz e as trevas.

Há os que são de Deus e os que são das trevas, desde o princípio. É por isso que o Cordeiro de Deus foi morto desde antes da fundação do mundo. Deus é luz e nós somos da luz. Devemos ter uma prática de vida compatível com aqueles que andam na luz. Veja atentamente tessalonicenses. Porque todos vós sois filhos da luz e filhos do dia; nós não somos da noite nem das trevas.

Observe que quando Adão e Eva ouviram a voz do SENHOR Deus, que andava no jardim pela viração do dia, esconderam-se. A maioria dos atos maus começam com a ideia de que podem ser encobertos pelo engano. O reino das trevas é construído sobre mentiras, segredos e escuridão. Ele exige a ausência de luz para que sobreviva. Apesar de toda a aparência de poder, o reino das trevas é estruturalmente muito fraco. Quando acende- se a luz, ratos, baratas, morcegos correm, fogem do ambiente.

Quantos passam despercebidos, desta pequena frase sem compreender o insight que ela traz nas entrelinhas, pois é partir desta frase que tudo veio a existir, pois sem luz, nada seria possível.

A graça de Deus precisa ser enxergada não somente pelo aspecto de um ato divino.

Entre os vários aspectos, devemos considerar que o fato de existirmos já é graça, logo, tudo o que veio a existir no universo é parte do favor imerecido para a criação. Fomos gerados pela graça e pela graça fomos salvos.

Desta forma, Haja Luz de Genesis não é a solar de nossa galáxia, ou artificial e sim a emanada do próprio Deus e não só ilumina o universo como também afasta a escuridão tanto espiritual quanto mental do ser humano.

Haja Luz de Genesis é, portanto, o mesmo que Haja Luz-Vida-de-Deus no Universo, Luz- existência, Luz-criação, Luz- consciência, Luz-entendimento, Luz- sabedoria, Luz-conhecimento, Luz- discernimento, Luz geradora de vida, e vida em abundância.

Haja Luz e veio a Luz Vida de Deus para o universo.

Então, que Haja Luz em toda tua Vida! Declare esta Luz do Altíssimo em tua casa, sobre tua família, sobre os teus negócios e empreendimento.

O apóstolo João diz que Deus é Luz e a graça de sua Luz veio sobre a criação no plano microcosmo e macrocosmo, sobre os grandes e pequenos, sobre as coisas visíveis e invisíveis.

PESQUISADORES DESCOBREM UM MISTÉRIO NO MOMENTO DA CONCEPÇÃO

Outra reportagem traz o título: Vida começa com um clarão de luz, revela filmagem inédita de uma fecundação!

A vida humana começa com um clarão de luz no momento em que o espermatozoide encontra o óvulo. Foi o que cientistas da Northwestern University, em Chicago, nos Estados Unidos, mostraram pela primeira vez, capturando em vídeo os incríveis "fogos de artifício".

Em reportagem do The Telegraph, os pesquisadores explicam que uma explosão de pequenas faíscas irrompe do óvulo no exato momento da concepção. Cientistas já viram o fenômeno em outros animais, mas é a primeira vez que se comprova que isso também acontece com os humanos.

Segundo o estudo que foi publicado em 26 de abril na revista Scientific Reports, o brilho ocorre porque quando o espermatozoide se insere no óvulo ocorre um súbito aumento de cálcio que desencadeia a liberação de zinco. Quando o zinco é solto, prende-se a pequenas moléculas que emitem uma fluorescência que pode ser captada por câmeras microscópicas.

Embora estudos anteriores tenham notado isso em outros animais, esta pesquisa foi realizada através de relatórios científicos e é a primeira vez que os cientistas têm observado isso em humanos. (O estudo utilizou enzima espermática em vez de esperma, como óvulos fertilizantes com esperma real pois a investigação humana é proibida pela lei federal).

O estudo foi publicado na terça-feira (26/04) 27 de abr. de 2016 na revista Scientific Reports, do prestigioso grupo Nature.

Os pesquisadores foram inspirados pela técnica de reprogramação celular concebida pelo japonês Shinya Yamanaka e o britânico John Gurdon, premiados em 2012 com o Prêmio Nobel de Medicina, para converter células adultas em células-tronco.

Estes estudos de microscopia de fluorescência nos dá a prova cabal científica de que a vida começa na concepção assim como a Bíblia revela.

Existe uma visão diferente em cada cultura sobre quando a vida humana começa de acordo com suas normas morais e valores, juntamente com o conhecimento sobre o processo embrionário.

A ciência nos afirma que a vida humana começa no momento em que ocorre a fecundação e a composição genética já está completa e inclusive o gênero já foi determinado assim como a cor dos olhos, do cabelo e inclusive a altura.

Podemos, portanto, relembrar o que o Rei Davi disse sobre o papel de Deus na nossa concepção: *"Pois tu formaste o meu interior, tu me teceste no ventre de minha mãe. Os teus olhos me viram a substância ainda informe, e no teu livro foram escritos todos os meus dias, cada um deles escrito e determinado, quando nem um deles havia ainda"* (Salmos 139:13,16).

Entretanto o mais importante é que Deus nos revela em Sua Palavra que não só a vida começa no momento da concepção, mas que Ele sabe quem somos até mesmo antes disso, em Jeremias 1. 5. diz: *Antes que te formasse no ventre te conheci, e antes que saísses da madre, te santifiquei; às nações te dei por profeta.*

"Deus não joga dados". Albert Einstein

Você não é um acidente.

Isaías 44.2 diz: *"Eu sou seu criador. Você estava sob meus cuidados mesmo antes de nascer".*

Seu nascimento não foi um erro ou um infortúnio e sua vida não é um acaso da natureza. Seus pais podem não o ter planejado, mas Deus não ficou nem tão pouco surpreso com seu nascimento pois Ele o aguardava. Muito antes de ser concebido por seus pais, você foi concebido na mente de Deus. Ele pensou em você primeiro, você não está respirando neste exato momento por acaso, sorte, destino ou coincidência. A Bíblia diz que o Todo Poderoso cumprirá o seu propósito para comigo!

O QUE PAULO VIU FOI A EXPLOSÃO DE UM METEORO?

Um estudo que publicou na revista Meteoritics & Planetary Science, o astrônomo William Hartmann fundador do Instituto de Ciência Planetária de Tucson, Arizona (EUA), argumentou que "provavelmente" a bola de fogo vista no dia 15 de fevereiro em 2013 caindo sobre Chelyabinsk, na Rússia, foi semelhante à "luz divina" que ofuscou o Apóstolo Paulo há mais de dois mil anos em uma estrada a caminho de Damasco.

A Academia de Ciência da Rússia informou que o meteoro de 10 toneladas entrou na atmosfera a 54.000 km por hora, explodindo entre 30 e 50 k do solo. O brilho da explosão foi registrado por várias câmeras. Várias pessoas ficaram feridas, mas não houve nenhuma vítima fatal.

Este astrônomo William Hartmann com base em três relatos em Atos, estimou que a "luz divina" observada por Paulo caiu 35 D.C. O que está em

Atos — argumentou o astrônomo — pode ser entendido com a descrição da sequência da queda e explosão de um meteoro disse William Hartmann. Para ele, Paulo estava provavelmente com uma cegueira temporária causada por uma intensa radiação ultravioleta.

"É basicamente um pouco de queimadura na córnea, uma vez que começa a cicatrizar, ela solta escamas".

Extraído e copiado da *revista Meteoritics & Planetary Science,* junho 11, 2015.

Conforme essa publicação foi sugerido que "provavelmente" a bola de fogo poderia ser um meteoro, porém segundo diversos eruditos e estudiosos, em uma profunda análise de todo o contexto bíblico e histórico não existe indícios de que tenha sido um meteoro nem tão pouco uma suposta cegueira apenas em Paulo, sendo que todos os que o acompanhavam também viram a luz, entretanto, apenas Paulo ficou cego.

Atos 8:3 menciona Saulo como sendo um grande adversário dos cristãos e de acordo com suas próprias palavras, era "blasfemo, perseguidor e opressor" já não lhe bastava torturar os cristãos de Jerusalém, em seu furor e fanatismo iria persegui-los até mesmo nas cidades estrangeiras aonde o evangelho estava chegando (atos 26. 11). Porém, o poder de Deus arrancaria de Satanás um de seus melhores instrumentos para colocá-lo a Seu serviço, o relato bíblico da conversão de Saulo que era seu nome hebreu e Paulo era nome romano, do livro de Atos 9 como também 22. 9. foi escrito por Lucas, o qual era um médico grego que viveu na cidade de Antioquia, na Síria Antiga. Ele comenta no relato sobre Saulo (Paulo) que havia conseguido uma procuração do sumo sacerdote e agora estava com um implacável ódio no coração contra os cristãos indo atrás deles em Damasco, cerca de 230 km a nordeste de Jerusalém. Roma permitiu ao Sinédrio o controle dos assuntos religiosos do povo judeu e nesse momento a nova Igreja era um empreendimento majoritariamente judaico.

Então Atos 9. 7. diz: *"Os seus companheiros de viagem pararam emudecidos, ouvindo a voz, não vendo, contudo, ninguém".* E o mesmo autor repassa o comentário do próprio Paulo sobre a mesma experiência em (Atos 22. 9*) "Os que estavam comigo viram a luz, sem, contudo, perceberem o sentido da voz de quem falava comigo".*

Os próprios versículos explicam o fato e os companheiros de Saulo ouviram a voz celestial, mas não discerniram a mensagem. Observamos aqui dois níveis de percepção, onde os companheiros viram a luz, mas Saulo (Paulo) viu Yeshua e os que estavam com ele ouviram o som de uma voz, mas Paulo entendeu as palavras que Jesus falou. Assim, o Dr. Lucas afirma que ouviram a voz, mas não perceberam o sentido dela.

Logo Atos 9. 7 diz que seus companheiros de viagem pararam emudecidos ouvindo a voz e Atos 22. 9 diz: 'viram a luz, sem, contudo, perceber o sentido da voz' pode ser explicada que ouviram um som que reconheceram ser uma voz, mas que para eles parecia incompreensível ou inarticulada.

Estes homens se tornaram testemunhas daquele fato de o encontro com alguém do céu.

Observamos o texto de Atos 22. 13 ao 18:

13: Mas aconteceu, ó rei, que na estrada, ao meio-dia, veio do céu uma luz mais brilhante do que o sol, a qual brilhou em volta de mim e dos homens que estavam viajando comigo.

14: Todos nós caímos no chão, e eu ouvi uma voz me dizer em hebraico: "Saulo, Saulo! Por que você me persegue? Não adianta você se revoltar contra mim".

15: Então eu perguntei: "Quem é o senhor?"

— E o Senhor respondeu: "Eu sou Yeshua, aquele que você persegue".

16: Mas levante-se e fique de pé. Eu apareci a você para o escolher como meu servo, a fim de que você conte aos outros o que viu hoje e anuncie o que lhe vou mostrar depois.

18: Você vai abrir os olhos deles a fim de que eles saiam da escuridão para a luz.

Então abrindo os olhos não havia ninguém e ironicamente, durante o tempo em que Saulo esteve cego ele pode enxergar a sua própria cegueira espiritual.

Dizem nossos sábios eruditos que a manifestação de Deus foi tão forte que penetrou no íntimo da alma de Saulo como um véu que é desnudado. A voz continuou: *"Agora, levanta-te, entra na cidade e, ali, te será dito o que deves fazer"* (At 9, 6).

Os homens que o acompanhavam ficaram pasmos com a visão do clarão e a voz de Deus, levantaram Saulo e o conduziram até a cidade de Damasco, onde passou três dias sem enxergar. Neste período, não comeu nem bebeu até que chegou o discípulo Ananias que, atendendo a o chamado de Deus, foi até o endereço revelado na visão e então impôs as mãos sobre Saulo, orou e no exato momento o milagre sobrenatural de cura aconteceu, pois o texto bíblico afirma que dos seus olhos caiu como que escamas, fazendo com que Saulo recobrasse a vista. Sendo assim, esta cura da cegueira de Saulo, curou-o do seu próprio coração para além da própria visão.

Que o Todo Poderoso tire as escamas de nossos olhos, ou melhor, tire essa ótica fraca com a qual vemos entorpecidamente, e permita que nosso espírito contemple a realidade das coisas sem esses olhos que são um obstáculo e que somente nos falam sobre sua aparência externa. Contudo, enquanto a luz eterna não brilhe sobre os entenebrecidos globos oculares, ele não pode perceber e não perceberá a verdade que é evidente por si mesma.

Interessante é observarmos que damos muita atenção à conversão de Saulo de Tarso e em contrapartida pouca consideração para aquele que o ajudou a obedecer a Cristo, cujo nome é Ananias. Ele era residente de Damasco e tinha uma excelente reputação entre os judeus. Que privilégio! E ao mesmo tempo que missão, pois Deus falou com Ananias em uma visão. Não há indício de que isto tenha acontecido com outros cristãos até então. Como também subsequentemente o capacitou de forma que pudesse impor as mãos num homem cego que precisava recuperar a sua visão.

Enviar Ananias para ensinar a Saulo seria como enviar um judeu para ensinar a Hitler. Não era algo insignificante, bem pelo contrário, era uma atribuição desafiadora e ao mesmo tempo assustadora Ananias concordar em fazer a tarefa que Deus lhe havia dado. Por este motivo ele questionou com o Senhor: "de muitos tenho ouvido a respeito desse homem, quantos males tem feito aos teus santos em Jerusalém; e para aqui trouxe autorização dos principais sacerdotes para prender a todos os que invocam o teu nome" (Atos 9. 13-14). Indubitavelmente é necessário admitir o quanto é impressionante que apesar de estar com medo ele foi e cumpriu na íntegra sua missão.

Não lemos muitas anotações específicas por sua firme disposição e atitude de coragem. Mas entendemos claramente que uma vez que somos salvos, nos juntamos à multidão de outros servos que se entregaram para fazer a vontade do Mestre.

Há muitos Ananias no reino de Deus, homens e mulheres que tem a oportunidade de glorificar a Deus na época e no lugar em que existem.

Escrevi em meu primeiro livro sobre ética há alguns anos que o anonimato é para quem ama o que faz e o faz sem barganhas.

Faz o que precisa ser feito, porque compreende a sua missão neste mundo. Faz sem precisar ser visto porque sabe que os aplausos não são as consequências do seu feito. Faz sem holofotes porque as luzes não são a sua glória. Faz sem estruturas, sem medo, ou políticas, porque quem faz no anonimato faz sem adereços e faz em qualquer lugar.

Logo compreendemos que o anonimato não é para qualquer um. É preciso voltar com urgência ao agir simples de má liderança que não deseja os primeiros lugares, os melhores ambientes ou as maiores recompensas. É preciso se dedicar com fidelidade entendendo a missão que lhes foi proposta para sua vida.

Jesus Cristo se apresenta no texto do Evangelho de João afirmando: *"Eu sou a luz do mundo, quem me segue nunca andará na escuridão, mas terá a luz da vida"* (João 8.12). Nesse sentido, aceito por muitos comentaristas, precisamos cuidar de nossa vida espiritual para não perdermos a luz divina que deve brilhar sempre em nós, afastando a escuridão da ignorância e da culpa.

Porque Deus disse: *"Das trevas brilhará a luz, é quem brilhou em nossos corações para iluminação do conhecimento da glória de Deus na face de Cristo".* 2 Coríntios 4. 6.

A luz elimina a escuridão e torna tudo visível nos permitindo ver o caminho.

Deus te escolheu para uma trajetória repleta de milagres, conquistas e frutos abundantes, encare teus desafios com o olhar espiritual e profético.

A CAPACIDADE DE VER

A sua retina é quem capta as imagens no seu olho, mas até você as perceber e reconhecer elas precisam vencer um tortuoso caminho.

No fundo do olho os fotorreceptores da retina retêm imagens e as transformam em impulsos elétricos, depois transmitidos pelo nervo óptico em direção ao cérebro, então no cérebro, os nervos ópticos se cruzam no "quiasma óptico" e lá a imagem do lado direito do campo visual é desviada para o lado esquerdo do cérebro e vice-versa. A partir daqui os neurônios são distribuídos para regiões que controlam o corpo de acordo com a luz e outras que processam a imagem.

- O hipotálamo que controla nosso metabolismo, regula o "relógio biológico" de acordo com a luz.

- O pré-teto controla os músculos da íris para contrair e dilatá-la conforme a intensidade da luz que atinge o olho.

- O colículo superior orienta os movimentos da cabeça em função do alvo em que nós fixamos o olhar.

A informação vai até o córtex visual primário, no lobo occipital onde se organizam as informações visuais – o campo visual superior e o inferior, as imagens vistas por ambos os olhos (para formar a visão 3D) as formadas na periferia do campo visual e os objetos em que nos focamos.

Uma vez percebidas essas imagens as informações seguem para as regiões vizinhas do córtex primário visual:

- O córtex extraestriado detecta as cores.

- A área mesotemporal detecta movimentos.

- O lobo parietal é responsável pela percepção espacial.

- O lobo temporal reconhece o objeto.

É incrível poder acordar todas as manhãs abrirmos nossos maravilhosos olhos e percebermos o quanto nós seres humanos somos providos de tantas potencialidades. Mas acabamos que não nos damos conta de tamanha complexidade de conexões que acontecem em milésimos de segundos para nosso cérebro identificar em velocidade realmente assustadora um simples objeto a nossa frente.

QUANDO O CÉREBRO NÃO ENXERGA

O cientista e neurologista Oliver Sacks é um excelente narrador e dono do raro poder de compartilhar com o leitor leigo certos mundos que de outro modo permaneceriam desconhecidos ou restritos aos especialistas.

Ele escreveu o livro "Homem Que Confundiu Sua Mulher Com Um Chapéu" relatando um caso particular onde o homem lesou as áreas de memória visual e não conseguia diferenciar pessoas de objetos. Sua inteligência e seu bom humor o faziam ser respeitado por seus colegas e alunos. Mesmo não havendo nada de errado com seus olhos, seu cérebro não conseguia entender o que os olhos viam, podia identificar um cubo, um dodecaedro e até mesmo caricaturas de gente famosa. Mas não tirava significado nenhum dessas formas, sendo uma luva apenas um "recipiente com 5 bolsinha protuberantes" e para identificá-la só pegando na mão. Expressões faciais simplesmente não existiam, tinha uma das várias formas de agnosia visual – um déficit neurológico que não permite ao cérebro reconhecer objetos pela visão.

Nesses casos o cérebro "enxerga" perfeitamente o objeto, mas não consegue encontrar o seu significado, é como se perdesse o acesso a uma biblioteca com informações sobre imagens e não consegue dar nome às coisas nem as agrupar por categoria.

Um teste impressionante para identificar esse transtorno neurológico é pedir para copiar um objeto onde o paciente pode perceber perfeitamente as formas, apesar de não fazer ideia de seu significado e o desenho sai extremamente parecido com o original. E é exatamente aí onde se encontra o problema do agnóstico visual associativo, ele copia os traços linha por linha, lentamente, por que seu cérebro manda copiar as formas que está vendo, em vez de dizer "isto é uma âncora! Então vou desenhar baseado na memória de como é uma âncora" e evidentemente isso transforma o dia a dia num tormento.

Baseado neste distúrbio existente, porém desconhecido por muita gente, poderíamos fazer uma analogia da vida em relação a esta anomalia referente a uma visão distorcida da realidade. Podemos dizer que no campo espiritual existem pessoas que enxergam que existem coisas espirituais, porém não são capazes de ver com clareza a realidade espiritual. Assim como existem pessoas que não conseguem acreditar que exista uma esfera espiritual, um mundo invisível ou intangível que não se pode tocar, pegar, incorpóreo, porque seus olhos espirituais não foram abertos para as realidades e grandezas de Deus.

LIMITAÇÕES DE NOSSA VISÃO

A visão do olho humano não é suficiente para perceber com claridade os elementos minúsculos ou aqueles que se encontram a uma grande distância, ou seja, sempre foi impossível até acreditar que existiam. Apesar dessas limitações, dois dispositivos solucionam este problema, o microscópio e o telescópio. Tanto um como outro apareceram no século XVII.

Imagine então quanto o conhecimento humano evoluiu e através do telescópio os primeiros cientistas viram milhões e milhões de estrelas. Nossa visão do Universo passou a mudar, progressiva e profundamente para sempre.

Tente sentir, o sentimento que deve ter brotado do coração do astrônomo. Contemplando coisas até então, inimagináveis.

Podemos ler em Salmos 136. 7 que fez os grandes luminares, porque a sua benignidade dura para sempre.

Salmos 19:1 diz que "Os céus proclamam a glória de Deus, e o firmamento anuncia as obras das suas mãos."

Igualmente extraordinário foi o efeito sobre o conhecimento humano quando o microscópio foi inventado. Jamais teríamos imaginado que maravilhas de beleza se achariam comprimidas dentro de uma área tão pequena como por exemplo em minúsculo grão de areia. Quem alguma vez imaginou observar a riqueza de detalhes em um inseto exibiria com diversidade espantosa arte, sabedoria e delicadeza. Lembro-me da primeira vez que passei um dia observando no microscópio, e foi impossível não desviar meu olhar da lente para o céu a exaltar o Criador magnífico e Soberano por todas suas maravilhas.

Como disse charles Spurgeon em um sermão em Newington, Londres: *"Deus fez o grande e amplo mar e o leviatã para que brincasse nele", sentimos que também podemos dizer "grande és, Deus, pois fizeste a gota d'água e a encheu de inumeráveis coisas viventes".*

Nossos olhos físicos, abertos assim por qualquer instrumento, nos revelam estranhas maravilhas e podemos inferir desse fato que a abertura de nossos olhos mentais e espirituais nos revelarão, maravilhas equivalentes em outros domínios, incrementando, assim, nossa reverência e nosso amor para com Deus.

Todos temos um livro especial em nossas vidas, em nossas memórias, em nossas prateleiras. Já parou para pensar qual é o livro de sua vida?

O que ele contribuiu na sua formação como pessoa ou profissional?

Acredito que tinha aproximadamente 12 anos de idade quando ganhei um livro com o título Ensinando Para Transformar Vidas. Livro este que acabei relendo diversas vezes, onde aprendi valiosas e fascinantes

MUITO ALÉM DO QUE SEUS OLHOS VEEM

lições apresentadas por Howard Hendricks ao longo de mais de trinta anos de atividade pedagógica, compartilhando a mestres no famoso Dallas Theological Seminary. Onde expõe eficientes leis que o professor pode com maestria aplicar, mas uma frase ficou gravada em minha alma. No capítulo em que o autor trata sobre a "lei do coração", ele aborda a questão de que o ensino autêntico não deve ser mera transmissão de informações, mas deve envolver todo o ser do comunicador e do receptor, ou, nas palavras do autor, é um ensino transmitido de "um coração para outro coração" (1991, p. 91).

Portanto, finalizo este capítulo com um pensamento do famoso cientista Albert Einstein *"Poucos são aqueles que veem com seus próprios olhos e sentem com seus próprios corações".*

CAPÍTULO 5
A FONTE VAI JORRAR EM BACA

Pensando nos olhos como janelas da alma, lembramos que é necessário lavar as vidraças de nossas janelas para melhorar a visibilidade. Partindo da pressuposta ideia de ampliar a visão espiritual às vezes é indispensável as lágrimas.

Fui inspirado a realizar uma deliciosa pesquisa sobre as "lágrimas" e acredito que você também vai se surpreender.

Segundo Drauzio Varella que é médico cancerologista e escritor, as lágrimas têm a função de manter os olhos lubrificados e livres da presença de partículas estranhas e substâncias irritantes. As que se formam durante o choro são causadas por emoções internas: tristeza, alegria, prazer, comoção, amor, empatia com o sofrimento ou a felicidade alheia e podem ser provocadas pelo riso e por bocejos.

As lágrimas criam um biofilme que cobre a córnea (a parte mais externa do globo ocular) que são formadas por três camadas distintas:

1. Camada lipídica: produzida por pequenas glândulas acessórias (glândulas de Meibomius), arma uma barreira oleosa (hidrofóbica) que circunda as lágrimas e as impede de rolar pela face;

2. Camada aquosa: contém íons e mais de 60 substâncias entre as quais aminoácidos, enzimas, anticorpos e compostos com atividade bactericida. Promove o espalhamento do biofilme para cobrir toda a superfície ocular e ganhar eficiência no combate às infecções;

3. Camada de mucina: camada hidrofílico que recobre e protege a córnea e facilita a distribuição homogênea das lágrimas pela superfície.

Existe então uma pergunta bastante antiga que não quer se calar:

CHORAR FAZ BEM OU FAZ MAL?

Você já deve estar cansada de ouvir que chorar é um sinal de fraqueza, que não resolve nada e pior ainda, que é "coisa de mulher", como se as mulheres fossem emocionalmente instáveis e incapazes de resolver um problema.

Caso você escute isso de alguém, saiba que essa pessoa está muito desinformada. Em primeiro lugar, chorar não tem nada a ver com ser homem ou mulher, mas sim com a característica humana que nos faz sentir emoções, além disso, o ato de chorar tem uma série de benefícios para o nosso corpo e a nossa mente.

Chorar é bom para aliviar suas emoções e tem lá suas vantagens, mas tenha a mais absoluta certeza de que não existe ninguém melhor do que Deus que realmente se importa com tuas lágrimas.

"Aqueles que semeiam com lágrimas com cantos de alegria colherão. Aquele que sai chorando enquanto lança a semente, voltará com cantos de alegria, trazendo os seus feixes" Salmos 126. 5-6.

Deus sempre nos surpreende com bênçãos maiores do que esperamos. Semear não é fácil. Pergunte a qualquer agricultor e ele lhe contará sobre os sacrifícios e privações da semeadura, é um trabalho árduo, cansativo e doloroso.

Passamos pela vida semeando e chorando, na verdade choramos enquanto semeamos. As lágrimas têm um papel preponderante na vida já que são capazes de expressar nossos sentimentos de uma maneira única possuindo diferentes significados para cada pessoa, onde cada lágrima tem um motivo e uma dor própria.

O Senhor sempre oferece cuidado, carinho e atenção para quem chora. Davi (1040 a.C. – 970 a.C.) tinha certeza de que suas lágrimas não passariam despercebidas, no Salmo 56:8, ele diz que o Eterno recolhe suas lágrimas num odre e faz um registro em Seus livros, não apenas guarda o sabor de nossas lágrimas, mas também toma nota dos sentimentos que existem por trás delas.

Quando estava à beira da morte, o rei Ezequias (739 a.C. – 687 a.C.) clamou ao Senhor e Ele respondeu: "Ouvi sua oração e vi suas lágrimas" (2Rs 20. 5) e foi subsequentemente lhe acrescentado mais 15 anos de vida!

Às vezes a vida requer um preço alto a ser pago, mas lembre-se que se persistirmos e confiarmos em Deus o tempo todo, inevitavelmente voltaremos com cantos de alegria.

A vida é feita de estações e como vivemos em um mundo injusto, laços emocionais nos prendem a pessoas que não merecem nosso carinho ou preocupação, como diz o cantor Renato Russo em um verso de suas músicas: *"Tem gente que está do mesmo lado que você... mas deveria estar do lado de lá"*.

Nessas circunstâncias precisamos aprender a derramar lágrimas de compaixão, quando semeamos com o coração quebrantado temos a garantia de uma colheita muito próspera e abençoada.

Alguns têm chamado esse período da semeadura de "ministério das lágrimas" onde nem todos estão preparados para carregar esse fardo, no entanto, algumas vezes Deus escolhe alguns filhos especiais e coloca em seus ombros o fardo, e essa provação pode ser um filho, amigo, vizinho, colega ou parente, onde cada lágrima envolve doação e se torna uma peça na restauração de uma nova vida para Deus.

Lágrimas de tristeza, alegria, compaixão, engajamento, arrependimento e de quebrantamento tem o seu lugar na adversidade.

As lágrimas nas escrituras têm um papel singular no avanço espiritual, e aqui descobrimos que o plantar de sementes acompanhado de um espírito quebrantado trazem não apenas uma colheita de resultados, mas também durante o processo dão ao semeador um espírito de alegria.

PORTANTO AQUI DESTACAMOS A TERCEIRA CHAVE:

ESPÍRITO
QUEBRANTADO

Essa passagem juntamente com diversas outras na escritura bíblica que falam de um espírito quebrantado e submisso retrata uma variedade de funções e propósitos.

Primeiro, há lágrimas de tristeza ou sofrimento (2Rs.20.5) Rei Ezequias após saber sua sentença de morte eminente, com muita tristeza derramou suas lágrimas diante do Todo Poderoso, então Deus falou ao profeta Isaías: Ouvi a oração de Ezequias e vi suas lágrimas, eu o curarei. Então lhe acrescentou mais 15 anos de vida e um grande livramento internacional da maior superpotência da época, Assíria.

Segundo, há lágrimas de alegria (Gn.33.4) depois de estarem separados por 20 anos, os dois irmãos, Jacó e Esaú se encontraram e se reconciliaram, chorando copiosamente de emoção e contentamento, sendo tocados profundamente pelos laços poderosos do perdão.

Terceiro, há lágrimas de compaixão (Jo.11.35) Jesus chorou. Este é o menor versículo da Bíblia, mas de forma alguma inferior a qualquer outro, bem pelo contrário, Jesus possuía delicada sensibilidade humana e se compadeceu com profunda simpatia com aqueles que estavam em lágrimas ao seu redor pela morte de seu amigo Lázaro. Nesta ocasião memorável o próprio Filho de Deus, através das lágrimas que ele derramou provou também que Ele era o Filho do homem, muito misericordioso e compassivo, profundamente tocado de sentimentos por nossas enfermidades.

Este acontecimento nos faz refletir sobre o Deus Soberano que se humanizou em Jesus e nos ensina sobre compaixão e compadecimento sobre nosso próximo.

Talvez você já se tenha perguntado nestes dias: como posso atender alguém que está sofrendo muito?! Romanos 12. 15. Chore com os que choram, se humanize!

Quarto, há lágrimas de desespero (Ester 4. 1, 3) Mordecai não se curvava diante de Hamã que indignado planejou e arquitetou o genocídio dos judeus através de um decreto oficial autorizado pelo rei e que não poderia ser revogado e os eficientes correios persas tinham começado a entregar a nova lei.

Nele havia as ordens para destruição, morte, aniquilamento e saqueamento dos bens de todos os judeus, sendo as datas calculadas e escolhidas meticulosamente por (sorteio – para cada dia, e para cada mês, até ao duodécimo mês, que é o mês de Adar – vs 3. 7).

Agora estavam todos durante esses 330 dias assustados e atemorizados, em completo terror e luto, realizando jejum e choro a sua lamentação.

O que fazer quando tudo parece perdido? Foi então que o povo de Deus se humilhou, orou, jejuou e chorando, buscou em Deus uma saída.

Foi nesse momento que Mordecai, primo de Ester, mas também seu pai adotivo, falou as palavras certas e precisas: *"Não imagines no teu íntimo que por estares na casa do rei, escaparás só tu entre todos os judeus. Porque, se de todo te calares neste tempo, socorro e livramento de outra parte sairá para os judeus, mas tu e a casa de teu pai perecereis; e quem sabe se para tal tempo como este chegaste a este reino?"* (vs 13 – 15).

Foram mesmo palavras duras e afiadas como a espada que transpassaram o coração de Ester e fez com que ela mudasse de ideia. Foi então que ela teve o insight, entendendo a gravidade do assunto e a "luta espiritual" que se travava, de convocar um jejum por três dias para o pleno êxito de sua empreitada junto ao rei Xerxes.

Agora aqui entra a habilidade e a astúcia de Ester que soube suplicar ao rei de forma extraordinária, onde o Todo Poderoso ouviu e viu as lágrimas do povo Judeu e deu um livramento Sensacional, isto porque eles se posicionaram para receber o livramento.

Nosso posicionamento precisa ser uma expressão de nossa Fé! Quando você consegue ver Deus em tudo, mesmo com lágrimas nos olhos, tudo que está lhe acontecendo será uma plataforma de milagres... lembre-se que um pensamento correto na direção de Deus tem o poder de "modificar" todo um comportamento! Deus está te convidando, te chamando para um novo nível.

PEGUE ESTA QUARTA CHAVE AQUI PARA
ROMPER BARREIRAS

TEU POSICIO-NAMENTO IRÁ DETERMINAR SEUS LIMITES

Quinto, há lágrimas de arrependimento (2 Crônicas 7. 14). Se o meu povo que se chama pelo meu nome, se humilhar e orar, buscar a minha face e se afastar dos seus maus caminhos, dos céus o ouvirei, perdoarei o seu pecado e curarei a sua terra (V. 15-). De hoje em diante os meus olhos estarão abertos e os meus ouvidos atentos às orações feitas neste lugar.

Quantas vezes você chora e se sente sozinho(a) sem ninguém para lhe consolar? Será que Deus se importa? Será que Ele lhe abandonou? Deus vê suas lágrimas, Ele sabe o que você está vivendo e se importa contigo. Cada lágrima que você derrama está registrada e guardada com o cuidado de um Pai.

Deus não lhe abandonou, se Ele registra suas lágrimas é porque são importantes. Deus tem um plano para sua vida e a tristeza não durará para sempre, nesse momento você pode não perceber, mas saiba que Deus está no controle.

Os sentimentos podem ser enganosos. Não é porque você não encontra solução sobre algum problema, que Deus não se importa com você, isso não é verdade.

Como canta Elaine de Jesus: *"Quem chora pra Deus tem resposta... uma lágrima para Deus é uma frase, que só Deus tem o poder de interpretar...".*

A tristeza vai ter fim, talvez não seja nesse exato momento, mas Deus vai restaurar sua alegria, porque ele lhe ama. Confie na palavra de Deus! Nessa vida você vai passar por tempos de tristeza, mas eles são temporários, e não esqueça que em Jesus você tem sempre uma esperança, até mesmo na tristeza mais profunda.

"Bem-aventurado o homem cuja força está em ti, em cujo coração estão os caminhos aplanados, que passando pelo Vale de Baca, faz dele uma fonte" (Sl 84:5,6).

Ao ler sobre o Vale de Baca fiquei curioso para saber mais do local e depois de algumas pesquisas pude desvendar muitos fatos que tornaram a passagem do referido Salmo muito inspirador e esclarecedor. O Vale de Baca dependendo da tradução e da edição bíblica recebe várias denominações entre elas: Baca em hebraico significa "pranto", vale das Lamentações, Vale de Lágrimas, Vale das Bálsameiras e Vale Árido. Este verbo hebraico cognato figura no Antigo Testamento por 114 vezes, sendo traduzido como "chorar", "queixar-se", "lamentar-se", "gemer", "prantear".

As plantas de bálsamo existentes no vale "choravam", isto é, destilavam um líquido de aroma agradável que deveria tornar Baca um lugar perfumado. Bálsamos são conhecidos por suas propriedades confortantes e calmantes, sendo assim, o escuro vale e de difícil passagem continha seus segredos, mas se realmente há referência a uma árvore e, portanto, há um vale literal então o mais provável é que esteja em foco o bálsamo que expelia uma goma, o que poderia ser comparado ao "pranto".

Alguns estudiosos diante das dificuldades preferem substituir a palavra hebraica "hibbika', pelo que diz o texto massorético, "habbaka", que significa "fluxo", nesse caso teríamos uma metáfora de alegria e plenitude, porquanto estaria em pauta um vale que flui água por ter muitas fontes um lugar que falava em prosperidade.

"Que passando pelo Vale de Baca faz dele uma fonte, a chuva também enche os tanques vão indo de força em força: Cada um deles em Sião aparece perante Deus" (Salmos 84. 6 e 7).

Os israelitas faziam peregrinações regulares a Sião Jerusalém, para adorar a Deus no templo e celebrar festas religiosas. Estas peregrinações eram muito difíceis em certos trechos, mas eles as enfrentavam com alegria, renovavam suas forças prevendo o momento em que estariam diante de Deus em Sião.

O trecho mais difícil da viagem, incontornável para a maioria deles era o Vale de Baca. As peregrinações de Israel são um tipo de símbolo para os cristãos. Aqui na Terra temos passado por alguns trechos do caminho que têm sido muito difíceis, por vezes sem conseguir contornar o "Vale de Baca" ou "Vale de Lágrimas".

Se você está passando pelo "Vale de Baca" quero lembrar-lhe que o nome do vale que era árido, difícil e sofrido, faz menção às plantas que cresciam ali e "choravam" bálsamo.

Muitas são as adversidades que nos afligem e nos fazem chorar no transcurso desta nossa peregrinação terrena: desapontamentos, desastres, calamidades, perdas, escassez, enfermidades, morte, e a lista continua... De um modo ou de outro, cedo ou tarde, mais ou menos vezes, todos passamos pelo vale.

"A chuva também enche os tanques" (Salmos 84:6). Em Baca o solo era árido e em algumas áreas pedregoso, por sua extensão os peregrinos eram obrigados a cavarem poços para obtenção de água, caso contrário nem as pessoas nem os animais suportariam, então para alguns peregrinos o caminho não era tortuoso já que encontravam os poços cavados e cheios pelas águas da chuva.

NOSSAS VIDAS E O VALE DE BACA

Diante das adversidades há sempre uma saída e nossa tendência quando passamos por uma provação é desesperar ou desistir. Nos desertos e vales áridos da vida há sempre algum poço cheio de conforto e salvação. Quando não, cabe a nós cavar um.

Muitos de nós passamos por esse vale, alguns poucas vezes, outros muitas, alguns até vivem em Baca porém, assim como nós passamos por ele, ele também desaparecerá de nós.

Alguns necessitam de muito esforço para cavar poços e sobreviver, outros nem tanto, desfrutarão em Baca do esforço que outros fizeram e estes encontram os poços já cavados e cheios de água da chuva. Em Baca também há poços cavados e vazios que se enchem de lágrimas, mas, nas lágrimas existem bálsamo que trazem conforto e também alegria: *"Os que semeiam em lágrimas segarão com alegria"* Salmos 126:5.

Quem nunca passou por desertos de ansiedade e por vales de angústias?

Nossa experiência neste vale pode ajudar a outros, os poços abertos pelos peregrinos de hoje servirão aos peregrinos de amanhã.

Uma coisa não podemos deixar de pensar e acreditar: Deus está conosco no Vale de Baca, por isso é visto como um lugar de bálsamo.

Há poços cheios ali e Ele nos mostrará e nos fará beber da fonte de tranquilidade.

Apesar da aridez de Baca ele pode se tornar uma fonte onde nos tornamos mais sábios, fortes, resistentes, confiantes e resilientes. Aprendo que em Baca recebo sustento para alcançar Sião e que Sião representa todo e qualquer lugar onde se deseja com muito sucesso paz e prosperidade

CAPÍTULO 6
A SOMA DE TODOS OS MEDOS

Certa manhã em sala de aula após já ter finalizado todos os exercícios matemáticos, me divertia criando uma de minhas invenções criativas, tirando a carga de uma caneta e aproveitando a capa externa, como uma espécie de zarabatana, com um atilho de borracha para lançar uma munição feita de um pedacinho de folha de papel, em meu colega que era meu melhor amigo que estava sentado bem no fundo da sala. Mas lamentavelmente não tive eficácia pois o tiro saiu pela culatra, minha invenção não havia ficado tão eficiente, soltando o atilho indo parar exatamente no lado oposto, ou seja, em cima da mesa da querida professora, que evidentemente naquela situação não foi tão querida assim. A professora levantando-se e encurvando-se levemente com as duas mãos sobre a mesa perguntou quem era o responsável pela borrachinha que lhe atingira.

Tecnicamente apenas meu colega teria visto ou melhor, sabia que era eu o autor, mas imaginava que ele jamais iria me entregar, entretanto bastou a professora sugerir que ninguém sairia para o recreio que meu amigo se levantou e entregou-me, naquele momento lembro que um sentimento de traição invadiu meu peito, porém, nem tão pouco sabia o que significava esta palavra ou o verdadeiro significado de amizade, pois crianças de 9 anos, normalmente não sabem.

Naquela época era costume colocar de castigo por tais atitudes o aluno de costas para turma e de frente para um enorme armário em um canto da sala e foi exatamente ali que eu fiquei, durante alguns minutos ouvi alguns zombando e fazendo piadinhas, tinha vontade de sair correndo porta a fora mas sabia que não podia fazer isto porque haveriam consequências muito piores, então naquele momento me ocorreu uma curiosa ideia: fiquei imaginando o que eu poderia fazer para assustar a todos, inclusive a professora.

Lembro-me claramente de pensar: e se eu desmaiasse? E foi que comecei a sentir uma dor muito forte na cabeça e de repente, não vi mais nada, acordei na sala da diretoria com uma equipe preparada para me medicar.

No hospital os médicos fizeram exames cuidadosos e fui encaminhado para um especialista, ao chegar em sua sala vejo minha mãe, minha professora e a diretora da escola.

O mais surpreendente foi que o doutor neurologista não solicitou para que eu saísse de seu consultório, mas esclareceu que eu tinha uma doença rara e que pelo estado avançado teria mais 2 anos de vida no máximo, se minha mãe tivesse um cuidado rigoroso com os medicamentos que ele estava prescrevendo.

Ao ouvir este diagnóstico descobri o quanto desejava viver, e que não podia deixar minhas aspirações de futuro acabarem antes de ter a chance de começar a viver.

Você pode não estar com medo de ser diagnosticado com uma doença terminal, mas pode estar passando por uma crise financeira, nos relacionamentos, ansiedade ou depressão.

Existem dois princípios básicos: depressão é vivência do passado e ansiedade é vivência do futuro, ou seja, em nenhum dos casos você viverá o presente. Passe a viver mais o presente com imensa gratidão!

Nossas mentes são terras férteis, você precisa cuidar das sementinhas que são plantadas, algumas podem ser cultivadas, outras devem ser descartadas.

Todos os dias ouvimos noticiários que parecem propositadamente criar razões para termos medo, então agora tente imaginar uma vida livre da ansiedade, sem depressão e imagine que a esperança e a fé passem a ser nossa reação natural a essas ameaças. Imagine um dia em que você pode confiar mais e temer menos. Não desista, insista valorizando a vida e não tente compreender as adversidades, apenas desfrutar o prazer de viver.

Nos meses subsequentes ao meu diagnóstico minha mãe transformou nossa rotina diária introduzindo medicamentos controlados para evitar as convulsões, após um ano fui submetido a nova bateria de exames, entre eles o eletroencefalograma (EEG), o que consequentemente demonstrou o avanço agressivo da doença, fazendo o médico confirmar seu diagnóstico da contagem regressiva de minha existência.

O Doutor ainda mencionou que a epilepsia do tipo lobo temporal se trata de uma forma focal da doença (que atinge uma área específica do cérebro) e que quando acomete o hemisfério esquerdo do cérebro provoca um quadro mais grave do que quando acomete o direito.

Dona Sandra não se deixou levar pela aparência daquele momento assustador, se muniu de uma coragem extraordinária e manifestou em atitude sua fé quando, olhando nos olhos do médico neurologista disse: doutor, eu acredito que Deus vai realizar um milagre sobrenatural em meu filho!

Então o médico levantando-se e fazendo a volta em sua mesa parou bem na frente daquela mãe desesperada e respondeu: se eventualmente você deixar um dia apenas, de dar os remédios para seu filho eu mesmo vou te processar de matar teu filho por negligência, e quero te afirmar que milagres deste tipo é impossível e não existem!

Pairou um silêncio naquele consultório por alguns instantes. Quando aquela mãe enxugando as lágrimas nos olhos, levantando-se lentamente e dirigindo- se até a porta de saída com a mão sobre a maçaneta voltou seu olhar para aquele especialista, que realmente era altamente qualificado em sua área, e disse: tudo que é impossível aos homens é possível a Deus! Tenha um ótimo dia, doutor.

A batalha de não querer aceitar aquela doença em seu filho atribulava ela, porém continuamente estava a exercitar sua fé todos os dias, pois entendia que mesmo perdendo tudo em qualquer estação de sua vida, se não perder a Fé não perdeu nada.

A cada dia mais ela conseguia entender que os processos forjam nosso caráter e muitas vezes fogem do nosso controle, porém era naquele momento que ela estava sendo forjada pelas mãos do Todo Poderoso.

NESTE MOMENTO PERMITA-ME COMPARTILHAR MAIS UMA CHAVE COM VOCÊ, QUERIDO LEITOR.

JÁ HÁ
BASTANTE
TEMPO TENHO
DITO QUE ANTES
DE LIBERAR
REALIDADES
OU ORDENS A
NOSSA VOLTA,
PRECISAMOS
ANTES LIBERAR
ORDENS DENTRO
DE NÓS!

Nossa mente é a sede dos pensamentos e vontades, jamais dê ao problema lugar de destaque na construção de seus dias. Esta chave está em salmos 91. 7-10. *"Mil cairão ao teu lado, e Dez mil, à tua direita, mas tu não serás atingido"*. Está dizendo aqui que pode estar acontecendo um verdadeiro caos ao teu redor, mas Deus está contigo do lado de dentro, e por mais assustadora que seja a situação que nos encontramos, existe uma proteção que está sendo liberada.

Volte comigo no tempo no ano de 1983 onde frequentávamos a igreja quadrangular e o Pastor Elói Martins amava aquele menino de 10 anos, com uma doença rara, que conseguia de uma forma surpreendente gravar na memória todos os estudos de escatologia que ele ministrava. Havia naquele ministério um grupo seleto de intercessores que oravam também pela cura daquele menino.

Numa quarta-feira à tarde a mãe daquele menino recebeu um convite para visitar outro ministério, em outra região e aceitou. Naquela celebração em que ninguém a conhecia, Deus havia marcado aquele encontro com ela e no momento de oração, naquele lugar distante, alguém recebeu a palavra de conhecimento e profetizou sobre aquela mãe dizendo que naquele exato momento seu filho estava sendo milagrosamente curado e restaurado por completo.

E a partir daquele dia, crendo sem duvidar, interrompeu todo o tratamento e pediu ao mesmo médico novos exames, sendo realizados e cuidadosamente analisados ele se levantou de sua mesa com visível emoção em seus olhos e com a voz embargada, falou: Não tenho como explicar isto, aconteceu realmente um milagre! E parafraseando as suas palavras que até hoje minha mãe jamais esqueceu aquele doutor afirmou: Continue com sua fé mãe, seu filho está completamente curado!

Até hoje ainda temos como prova do testemunho 2 exames EEG, que visivelmente qualquer pessoa sem nenhum conhecimento consegue nitidamente observar a diferença chocante do que apresenta as alterações chamadas de picos e subsequentemente o outro completamente normal.

Sendo assim, concluo meu testemunho de vida nova e consequentemente o alívio da dor de minha mãe a partir daquele novo diagnóstico médico, onde o medo desapareceu completamente pois o milagre foi completo. A palavra de Deus diz que devemos trazer à memória tudo o que nos traz esperança, portanto espero que este testemunho produza esperança.

AGINDO COM BASE NA CONVICÇÃO

Entendo que tudo que acontece em nossas vidas não tem a ver com o que sentimos ou vemos, tem a ver com o que Deus fala, mas Ele não comunica ou sugere algo, pelo contrário, por ser o Todo Poderoso Ele determina realidades, Ele estabelece o milagre.

A falta de milagres não é porque não é da vontade de Deus, o problema está em nós. Para que haja um milagre é necessário que aconteça uma transformação em nós, chamo esta de "renovação da nossa mente".

Volte a sonhar e seja obcecado pelo impossível, sendo capaz em qualquer momento de sacrificar aquilo que nós somos para aquilo que podemos ser.

Quando temos conceitos errados sobre quem Deus é e como acontece a ação do Espírito Santo nossa fé fica restringida por estes tais conceitos errados, por exemplo, se acredito que Deus permite a doença com a finalidade de construir um carácter logo não vou orar com total confiança tendo certeza de que uma cura é necessária.

É entender e aceitar verdadeiramente que a fé nasce pelo Espírito Santo no coração do ser humano.

Seja sensível a sua voz dizendo que tua história não pode acabar no pior momento, continue lutando e continue acreditando, mas tente observar também que existem momentos na vida que precisamos desviar um pouquinho nosso olhar de nós mesmos e passar a ajudar os outros à nossa volta, em pequenos gestos como transmitir esperança, palavras de ânimo e fortalecimento, então saiba que a felicidade acontece quando você consegue servir de base de esperança para outros.

MEDO

Penso que a ansiedade do dia a dia e os próprios medos do cotidiano despertam em nós a necessidade de fugir do lugar comum, do medo comum, se é que ele existe (explicarei mais para frente) e nos levam a outros tipos de desafios diferentes.

Dentre as formas de diversão que nos dão prazer podemos citar as atrações capazes de desafiar o medo de todos nós, simples mortais. Assim como os esportes radicais, elevadores gigantescos, rodos exagerados e montanha russa, fazem com que as pessoas de diversas idades superem (ou não) seus próprios limites.

Estudando quem entende do assunto fui capaz de descobrir que sentir a adrenalina correndo pelas veias é uma necessidade quase fisiológica.

De acordo com pesquisadores do Memorial Hospital de Jerusalém, em Israel, que estudaram as reações do organismo em atividades radicais, um gene do cromossomo 11 justificaria o gosto constante pela aventura, por exemplo, em famílias de acrobatas, trapezistas, ou mesmo pilotos de carros de corrida.

Como é o caso da família de recordistas de pilotos no clã Fittipaldi (Émerson, Wilson, Christian e Pietro) que colecionam vitórias na Fórmula 1 por 70 anos, se bem que mais alguns apareceram na dinastia desta memorável família.

Parece bastante comum ver vários membros de uma mesma família envolvidos no mesmo esporte seguindo os passos dos pais e diversas vezes apenas sendo influenciados pela rotina.

Mas você não precisa ser um artista de circo ou ter nascido em uma família de alpinistas para se aventurar e ficar de cabeça para baixo em uma montanha russa, basta ser você a dar o primeiro passo e experimentar uma nova oportunidade na sua vida, seja você o pioneiro.

MEDO SEGURO

Atualmente adoro esportes radicais e se me perguntar se já saltei de paraquedas ou mergulhei com tubarões e arraias, a resposta será um sonoro: SIM! E digo que foi uma experiência incrível que pude dividir com minha filha Stephanie, que também adora sentir aquela adrenalina correndo nas veias.

Mas por outro lado acredito que o inverso da tal hereditariedade aconteceu conosco, pois eu particularmente nunca gostei de esportes radicais, porém minha filha, desde bem pequena, era bastante inclinada para parques de diversão. Portanto, como todo bom pai eu estava sempre lá, ao seu lado lhe protegendo naqueles minúsculos brinquedos infantis.

Conforme o tempo foi passando seu desejo para brinquedos cada vez mais aventureiros também foi evoluindo e como todo bom pai eu estava lá, porém, dessa vez para ela me proteger.

Lembro-me de uma situação em um parque, quando os meus filhos eram adolescentes e nos deparamos com um equipamento com capacidade para 5 pessoas de cada lado, que consistia em uma torre que, aparentemente olhando do ângulo que eu estava, ela desaparecia entre as nuvens e então no último instante eu desisti de me arriscar e falei: Podem ir sem mim. Minha filha não perdeu a oportunidade de falar eufórica e num tom sarcástico, algo do tipo: Não acredito que o senhor não tem coragem pai? Olhei para traz na fila em que estávamos e lá estava o terror dos terrores pra qualquer pai desesperado de medo de embarcar naquela ideia: havia um grupo de pessoas aparentemente de algum país do outro lado do planeta, e percebi que estavam rindo muito.

Então olhei pela segunda e terceira vez e chegava a ser hilariante as gargalhadas. Imaginei naquele momento que supostamente eles deveriam estar rindo das palavras de minha filha com relação ao fato de me faltar coragem para enfrentar aquela aventura. Logo, aquele medo por incrível que pareça, por um instante passou. E para defender meu orgulho entrei naquele equipamento todo corajoso, sendo que naqueles exatos minutos antes de você ser lançado contra a lei da gravidade mesmo que saibamos que existe o Sistema de Gestão da Segurança (SGS) obrigatório para qualquer empresa deste ramo, responsáveis por realizarem manutenções de prevenções diariamente, mas mesmo assim, a primeira coisa que qualquer pessoa, não importando qual seja sua profissão ou nível de conhecimento faz, é se transformar em um tipo de engenheiro ou mecânico de manutenção especialista a verificar rastreando com o olhar em velocidade vertiginosa todos os parafusos, porcas, cabos, controle de segurança e travas, fazendo uma checagem se eventualmente consegue encontrar algo incomum aos olhos.

Naqueles segundos senti que certa tensão percorria pelos músculos das costas, parece que ouvia meu cérebro dizendo: O que você está fazendo? Mas consegui vencer todas aquelas sensações contra meus instintos de sobrevivência. Recordo, como se tivesse sido ontem, que estávamos todos sentados aguardando o início do ciclo de lançamento. Quando olhei para aquele casal que minutos antes estavam lá na fila atrás de mim e que agora se encontravam sentados exatamente ao meu lado, então fiz um breve comentário sobre o quanto éramos corajosos por estar ali, fui interrompido por eles por gestos e sinais demonstrando que não conheciam nosso idioma, pensei comigo naquele instante em lapsos de segundos: Então eles não estavam rindo de mim na fila lá embaixo, por que não estavam entendendo o que minha filha estava falando? Confesso que naquele momento me arrependi de ter embarcado naquela ideia, porém, já era tarde demais pois em um minuto já estávamos no topo da torre.

Como já havia inicialmente vencido meus medos, mesmo que minha motivação fosse outra, decidi me jogar na emoção da brincadeira com eles e viver com mais intensidade.

Os resultados foram surpreendentes. Portanto se jogue! Arrisque! Viva com mais intensidade!

PURA ADRENALINA

Realizei uma pesquisa sobre as sensações causadas nos equipamentos radicais e descobri que no corpo tudo começa quando as glândulas suprarrenais se contraem, liberando corticoides que atuam no fígado. Eles quebram grandes moléculas de açúcar em glicose, produzindo energia imediata para a nossa reação. Do núcleo das suprarrenais sai a famosa adrenalina, um hormônio que vai para a corrente sanguínea e aumenta as frequências cardíaca e respiratória, além de dilatar as artérias que nutrem os músculos.

Sentir o "coração na boca", por exemplo, é sinal do aumento dos batimentos cardíacos. A "garganta seca" deve-se ao envio de menos sangue para a glândula salivar, que passa a secretar uma saliva espessa. E "suar frio" resulta da diminuição da temperatura da pele, já que o sangue é concentrado nos músculos, cérebro, coração e pulmão, para fazer frente ao inimigo – o medo.

Neurologistas dizem que no cérebro o perigo iminente libera a citada dopamina e a noradrenalina, que alerta as várias regiões cerebrais. Os opiáceos cerebrais – endorfina, encefalina e dinorfina, que dão a sensação de analgesia, responsável pelo bem-estar após o stress.

Dito isto, começamos a entender que o medo que sentimos em um parque de diversões, é acompanhado da certeza da segurança que tal equipamento possui, logo em seguida nosso corpo recebe todo este conjunto de sensações que nos dão inevitavelmente a recompensa do prazer!

MEDO INSEGURO

E por falar em experiências radicais, nenhum dos esportes e aventuras que já realizamos se compara com o dia em que levamos nossos dois filhos para mergulhar em alto mar.

Havia combinado previamente com a agência de mergulho todos os detalhes da experiência que teríamos naquele dia, apenas os filhos Gustavo, Lucas e eu iríamos realizar o mergulho com os instrutores. Então para que minha esposa não precisasse ficar tanto tempo esperando na base, solicitei por telefone, minutos antes de chegarmos, se eventualmente ela pudesse iniciar o passeio conosco pelo canal, sendo que ancorássemos para deixá-la em um dos diversos trapiches que existem no local antes de entrar em mar aberto, isto porque, minha esposa não estava nem um pouquinho inclinada a entrar em alto mar em um bote inflável.

Quando chegamos na escola de mergulho vestimos os trajes, sendo necessário também acostumar-se com os equipamentos, sendo este o primeiro passo. Recebemos todas as instruções do curso indicando a maneira correta para usufruir com total segurança o maravilhoso mundo submarino.

Após o treinamento era hora de entrarmos com mais algumas pessoas num enorme bote inflável com potente motor de popa.

Inicialmente nos sentamos no assento da proa e o passeio pelo canal estava magnífico, a vista daquelas águas tranquilas onde repousavam exuberantes barcos e iates a boreste e bombordo, nossos ouvidos já estavam presos nas músicas que vinham das embarcações onde em seus mastros, refletia o brilho maravilhoso do sol de primavera, encantando até mesmo o timoneiro e a tripulação na popa de nosso barco.

Observei que já estávamos nos aproximando do local onde deixaríamos minha esposa, um trapiche da beira mar que é um dos locais mais agradáveis daquela região da cidade.

É um tradicional ponto de encontro e área de lazer que merece ser visitado para relaxar e curtir o visual, onde supostamente ela iria nos esperar enquanto aproveitaria o tempo para ler um livro que havia trazido com este objetivo. Porém, antes que eu conseguisse lembrar a tripulação que ela desceria ali, ouvi quando alguém gritou: "Segurem-se porque estamos entrando em mar aberto!"

PORQUE TEMOS MEDO

Então naquele momento tínhamos certeza de que eles haviam esquecido, ou não sabiam, que minha esposa não iria fazer aquela aventura conosco, porém era tarde demais! Sobre aquele barulho ensurdecedor do motor na popa, eles não conseguiam ouvir nossos gritos de desespero, pois estávamos na proa e cada vez que conseguíamos soltar uma das mãos acenando para que parassem, interpretavam pelo contrário, que estávamos nos divertindo com emoção aventureira.

Todos nós sabemos que existem leis de trânsito desde os procedimentos da embarcação na água e elas precisam ser respeitadas, como mostrar a todos os passageiros que estão a bordo, onde ficam os coletes salva-vidas, o kit de primeiros socorros, os extintores e outros itens de segurança, pois bem, naquele instante lembrava que nenhum destes procedimentos haviam sido realizados.

Estas leis implicam também por exemplo, manter a velocidade adequada, porém o que estávamos presenciando era a velocidade máxima de capacidade daquele motor. Portanto me encontrava já em minha mente idealizando e redigindo um texto de reclamação, que iria escrever e destinar o e-mail para a Marina responsável pelas normas da Capitania dos Portos, mas de tanto medo que estava sentindo em alguns minutos não lembrava mais deste assunto.

Todos que já passaram por algo semelhante sabem exatamente sobre o que estou me referindo, minha mente não conseguia se fixar em um pensamento específico e eu me perguntava por que não entrevistei a tripulação para saber quantos anos de experiência eles tinham em alto-mar? Ou qual era o know-how do piloto? Pois quem está navegando está sujeito a se deparar com as mudanças da natureza, ventos fortes, instabilidade no tempo, tempestades, grandes ondas, e o piloto mais do que ninguém, precisa estar preparado para todas essas situações, principalmente se for uma embarcação como aquela em que estávamos. Algumas medidas de proteção devem ser tomadas na hora de cortar onda com embarcações como aquele nosso bote, de forma que mantenha a proa bem levantada para que não entre água no barco. Lembra a posição onde estávamos? Sim ali mesmo, portanto, permita-me te lembrar de nunca se sentar na proa quando for entrar em mar aberto.

Imagine uma situação de emergência, com risco iminente de naufrágio, onde o barco necessita ter coletes salva-vidas para todos e naquele momento não estava aparente muitos, apenas um único escondido embaixo da proa, sendo que deveria estar vestido em minha esposa que estava sentada ao meu lado.

As lembranças que vinham a minha memória deveriam ser tranquilizantes, mas não sei por que nunca acontece desta forma, ao menos não comigo. Minha memória me fez lembrar imediatamente de reportagens sobre barcos infláveis usados por imigrantes, que segundo ouvi em noticiários, tornam esse trajeto muita perigoso porque eles não estão preparados para o mar aberto e estão frequentemente sobrecarregados de pessoas.

Além de uma avalanche de teorias sobre ondas e rebentação que invadiam minha mente, lembranças do tempo que as estudei quando estava aprendendo a surfar (outra coisa que até hoje nunca consegui).

O mar naquela costa normalmente apresenta cinco rebentações. A primeira é a da beira da praia, aquela que sobe na areia e que quando desce mostra os tatuíras enterrando-se. A segunda é quando inicia o buraco a aproximados 10 metros da primeira rebentação, quase sempre existe um buraco que alguém se refere ao terror das crianças e dos idosos. Então existe a terceira e posteriormente a quarta rebentação com ondas de 3 metros de altura, que na maioria dos dias é a última e fica aproximadamente a 400 metros da beira da praia. Nos dias em que a ondulação é maior, esse fator faz com que a parte inferior da onda encontre o fundo, o momento em que não podendo bobear já que a onda quebra em local mais distante da praia. Então temos a quinta rebentação, que fica entre 600 e 800 metros da beira da praia, segundo os especialistas e depende do tamanho em que estiverem as ondulações no dia, as ondas variam desde 4 metros até excepcionalmente 6 metros.

Portanto, lembro que estávamos nesta posição quando nos encontrávamos em meio a estas ondas gigantes destes tais dias excepcionais de grandes ondulações.

Preciso confessar aqui que tive medo, posso afirmar categoricamente que este medo estava baseado na insegurança total que nos encontrávamos, pois não estávamos de coletes salva-vidas e nem tão pouco estavam disponíveis para aquela tripulação de 12 pessoas, enquanto também não parecia muito segura aquela nossa embarcação.

Então desviei meus olhos do barco e das ondas, erguendo meus olhos para o céu que estava lindo naquele dia, e foi naquele momento que consegui jogar minha âncora na fé. Olhei para minha esposa agarrada com toda força em meu braço pois estava com mais medo do que eu e notei que ela já estava também olhando para o céu.

Quero atrelar, portanto, toda esta situação ao ato da visualização, pois se observarmos agora com bastante atenção começamos a perceber que na maioria das vezes, nosso medo passa a aumentar substancialmente conforme permitimos o pavor dos detalhes inseguros nos controlar.

Impossível deixar de lembrar de uma frase de *Bill Johnson* um palestrante e escritor americano, que diz: *"A fé não nega a existência de problemas, ela nega ao problema um lugar de influência"*.

Outro conceito sobre a Fé que ouvi ele dizer e gravei imediatamente foi: *"A fé apropria-se da realidade do Reino e, com força e violência, o faz entrar em choque com a esfera natural. Um reino inferior não tem como prevalecer"* – Bill Johnson.

Jesus sempre perguntava a seus discípulos quando eles estavam com medo: *Mt 8. 26 "Por que vocês estão com tanto medo, homens de pequena fé?"*

A fé vence o medo, o medo anula a fé. O medo olha para as circunstâncias, a fé olha para Jesus que está no controle das circunstâncias.

Acredite, não é o medo que vai dizer o que você pode, não é o medo que vai dizer até onde você vai, não é o medo que vai definir teus limites, não é o medo que vai declarar a última palavra a teu respeito e sim Deus que te vê como um artista, e lembre-se que todo artista conhecido afirma trabalhar enquanto dorme.

Lembro-me de Jasper Johns, que disse: *"Certa noite, sonhei que tinha pintado uma grande bandeira americana e, na manhã seguinte, levantei-me e saí e comprei os materiais para começar"*. Quantas vezes recebemos dicas para uma carreira inteira e não fomos atrás? Sonhar e não ouvir a dica?

Não importa o quão assustado você esteja, todo mundo está com medo.

Um dos maiores líderes de todos os tempos, Moisés, quando estava com 120 anos chamou Josué para passar-lhe o bastão da liderança do povo Judeu e disse-lhe, na presença de todo Israel: *"Sê forte! Tenha Coragem! Pois conduzirás este povo para a terra prometida pelo Senhor aos seus antepassados. Tu os levarás a conquistá-la. Não estejas temeroso, porque o Senhor irá na tua frente e estará contigo. Ele, Deus não te deixará nem te abandonará" Deuteronômio 31. 7 e 8.*

Se esforce muito mais, a ação é a única coisa que tira a maldição do medo e a insegurança.

VOCÊ JÁ PAROU PARA PENSAR QUE A EXPECTATIVA NÃO É A MESMA COISA QUE ESPERANÇA E ESTA TAMBÉM NÃO É FÉ?

Do ponto de vista dos dicionários, esperança é o ato de esperar alguma coisa, porém, ficar apenas esperando pode levar inevitavelmente a se acomodar e isso é muito superficial, por este motivo é crucial criar um entendimento diferenciado permitindo sua visão ser ampliada sobre esse assunto.

Expectativa é olhar para o futuro sem saber o que vai acontecer, mas desejando que aconteça o melhor e Esperança é a certeza de que o futuro trará o melhor que Deus tem para você.

Um relacionamento diário com o Criador gera a esperança em seu coração. Você sabe que pode confiar nas promessas divinas e tem certeza de que elas se cumprirão, mesmo que a sua mente não entenda como, nem quando.

As pessoas que não vivem essa experiência de comunhão e amizade com Deus são chamadas por Salomão de perversas. Perversão não é a simples ignorância do bem, é a deliberada rebelião contra o bem, o endeusamento do ego, a soberba espiritual.

Mas nossas expectativas não têm fundamento seguro, são apenas desejos e confiamos na sorte, no destino ou na melhor das hipóteses, na força de nossas mãos ou na nossa "energia interior", mas somos apenas uma criatura passageira e mortal.

Digamos que a expectativa é o passaporte que pode nos levar à frustração, já a Esperança é um dos pilares da Fé exercendo aquela força interior que nos leva a continuar nossa jornada rumo à promessa. Precisamos ter consciência de que acima de tudo, nossas vidas estão no controle de Deus.

Portanto, a esperança me ajuda a manter meus olhos naquilo que está por vir e deve acalmar toda minha ansiedade e angústia, enquanto a Fé determina o meu agir hoje. Poderíamos dizer então que a fé é a manifestação imediata daquilo que eu creio e de como eu vivo e atuo no hoje.

Tem um ditado que diz: a Fé é hoje e esperança é amanhã.

Esta palavrinha "Fé" é pequena, porém munida de um poder extraordinário, e quando compreendida te faz acessar um nível superior.

Ouvimos regularmente expressões e mensagens do tipo: *"Faça afirmações diariamente sobre seus sonhos e planos, e tenha plena fé em Deus que eles irão se realizar"*.

Isso é verdadeiro, embora esteja em um nível raso podemos avançar construindo na prática este pensamento usando nossa inteligência emocional, racional e espiritual.

A Fé é algo que todos nós temos, ou seja, assim como Deus nos deu todos os membros, também já nascemos com a Fé, portanto, assim como treinamos caminhar, correr, pegar todos os dias ininterruptamente, podemos também exercitar nossa Fé. Dito isto, entendemos que constantemente podemos e devemos praticar a oração da visualização concreta exatamente daquilo que precisamos ou desejamos na íntegra e nos menores detalhes.

Vamos chamar de oração do princípio da visualização, lembrando que esta não deve ser acompanhada de vãs repetições, mas de convicção, pois quando você crê nas coisas precisa viver elas como se já as possuísse, mencionar afirmações como se já vivesse seus sonhos. Ficou em dúvida? Então aconselho ler e reler o parágrafo novamente quantas vezes forem necessárias para entender com absoluta clareza.

Edifique e treine sua fé em Deus pois quando você consegue ativar esta fé se torna um poder avassalador para transformar sua vida. Pois você passa a usar lentes da quarta dimensão.

Muitos não experimentam o mundo de Deus. Porque não atraem a quarta dimensão através da fé!

Nossa Fé é o milagre da quarta dimensão.

A frase bíblica citada por Paulo *"a fé vem pelo ouvir, e o ouvir pela palavra de Deus"* significa que a fé não vem do próprio ser humano, mas a verdadeira e genuína fé requer a informação certa de ouvir a mensagem cujo conteúdo é a própria palavra revelada de Deus.

Em Hebreus 11:1 diz: *Ora, a fé é o firme fundamento das coisas que se esperam, e a prova das coisas que se não veem.*

Baseado neste texto tem um dito popular que cita: *A fé em Deus nos faz crer no incrível, ver o invisível e realizar o impossível.*

Lembro- me que durante muitos anos estive diante de uma classe sendo mentor e percebia que os alunos visivelmente demonstravam ser pessoas ansiosas, enquanto outros, abriam seus corações, buscando ajuda para lidar com a questão pois apesar de professarem sua fé e esperança, tinham grande dificuldade de libertar-se do medo e ansiedade. Tive a grata satisfação de conduzir alguns através de aconselhamento e assim até hoje, depois de mais de uma década, encontro com alguns deles relembrando as diversas experiências sensacionais que experimentaram.

Costumo sugerir uma técnica simples que pode ajudar quando você é encurralado ou bloqueado por preocupações: Aprenda analisar e superar as preocupações.

A esperança ajuda a manter os olhos naquilo que está por vir e deve acalmar toda a ansiedade e angústia. Quando estou a exercitar a Fé, dom este maravilhoso recebido de Deus que me auxilia a entender melhor a manifestação terrena inicial do que existe no Reino de Deus, onde decidi viver.

Através da oração criamos oportunidades de transformar aquele sonho tão desejado em realidade aplicando a fé que Deus implantou em nós, nos dando a incrível e sensacional capacidade de sonhar ou imaginar uma nova vida que ainda não existe, alguns chamam esta habilidade de "olhos da fé".

Ouvi alguém falar recentemente, e desconheço se existe um autor para este pensamento, de que dos diversos tipos de problemas de visão estão: a miopia, o astigmatismo, a hipermetropia e a "falta de Fé"!

Diga a Deus estas palavras: Senhor, eu quero entender, eu quero corresponder as tuas expectativas para mim.

CAPÍTULO 7

SUPER HUMANO. QUANDO NOSSOS OLHOS VEEM, MAS NÃO ACREDITAMOS.

A palavra super-humano nos lembra personagens da Marvel que lutam contra o mal em roupas de super-heróis. Mas é claro que todos sabemos que nada mais são do que desenhos infantis que receberam efeitos especiais e acabaram nas telas de cinema apenas para entretenimento. No entanto, ao longo da história houve vários relatos de pessoas que apresentavam capacidades físicas e mentais que exacerbavam os limites humanos, sendo considerados super-humanos e estando tão próximos de nós, capazes de realizar atividades e suportar situações surpreendentes.

Como Kim Peek com sua habilidade extraordinária de nunca esquecer, ele é conhecido por ter a melhor memória do mundo, conseguindo memorizar 12.000 livros e pesquisas, sendo confirmado que ele conseguiu armazenar 98% de todas as informações que recebeu e sua história foi a inspiração para o filme Rain Man.

Outro exemplo é Dean Karnazes, que gosta de se chamar de sortudo, pois para ele poder correr 563 quilômetros sem parar, completar 50 maratonas em 50 dias consecutivos ou aguentar 40 graus negativos durante uma corrida no Polo Sul não passa de uma feliz coincidência. "Eu só tenho um bom corpo e tenho sorte de viver disso", disse o corredor com um sorriso, quase convencendo o repórter de que ele era uma pessoa normal. "Fui colocado na terra para correr. É tão simples assim." Mas por trás disso existe uma pessoa que tem um forte desejo de ir além dos limites dos seres humanos.

Mas o corpo de Karnazes é o mesmo de um ser humano normal? Ele diz que sua composição genética não é mágica, mas a Wired (Revista estadunidense) o chamou de homem perfeito. Já a revista Time o chamou de "ativista da saúde" e "uma das 100 pessoas mais influentes do planeta". O médico disse que ele tem um físico diferente da maioria dos mortais, apresentando apenas 3% de gordura corporal (normalmente 8% para atletas em boas condições físicas, em comparação com 12% normais), dorme apenas 4 horas e seu coração bate 39 vezes por minuto (uma pessoa fisicamente ativa tem 60 a 70 vezes) e os testes não mostraram danos nos joelhos, articulações ou músculos, no entanto, seu corpo é muito vascularizado, o que pode auxiliar no transporte de oxigênio para as células e tecidos.

Talvez você já tenha ouvido falar de super reflexos, como é o caso de Isao Machii, um mestre japonês conhecido por possuir reflexos apurados. Por conta de sua habilidade é capaz de cortar objetos com sua katana que se movem muito rapidamente como um disparo de arma.

Segundo pesquisas a habilidade de Isao não parece estar ligada exclusivamente à sua visão, mas sim em outro nível sensorial capaz de prever movimentos.

Agora acredito que não há quem não conheça a história de Sansão que deve ser considerado um herói. Mas eu convido você a voltar ao tempo comigo. A história de Sansão começa de uma maneira incrível e maravilhosa, com seu nascimento anunciado por um anjo de Deus, o filho mais velho de Manoá e sua esposa estéril, ele será o porta-voz de Deus e o grande poder é a manifestação constante do Espírito de Deus nele.

Ao pesquisar o significado do nome Sansão descobrimos a beleza e o amor de Deus pelo menino que governaria Israel: "luz do sol" e Deus o fez brilhar entre seu povo. Mas apesar das promessas e devoções desde o ventre de sua mãe, a vida de Sansão tomou um caminho sombrio, a lâmpada de sua alma envolta em trevas e longe da vontade de Deus. Sansão conheceu Dalila e se apaixonou cegamente por ela, a tradução do nome dela é: "Senhora da Noite". Então teremos: Sansão, Luz do Sol e Dalila, Dama da Noite. Acho que o nome Dalila surge como uma denominação da mulher que fez o sol ir embora, ela era a teimosa armadilha de Satanás na vida do nazireu. Poderia ter qualquer nome, mas Delilah significa: Against God, Darkness, Dungeon, Prison. Ao ler as palavras de Sansão para os pais que o amam. Juízes 14. 3

Sansão disse: ela me agrada! Sem conteúdo de personagem, sem conteúdo de valor, sem referência, apenas luxúria! Sansão é forte, mas no emocional precisa de ajuda e é controlado instintivamente, então ele é inevitavelmente dominado pela sexualidade.

MUITO ALÉM DO QUE SEUS OLHOS VEEM

Tenho dito muitas vezes que essa sensualidade descontrolada é idolatria do afeto. Também podemos chamar de adoração sensual quando alguém coloca tudo em jogo por um caso amoroso, está colocando o vivente acima do criador. Mas aprendemos com a vida de Sansão a não julgar os outros por nossos próprios valores! O que parece fácil para nós pode ser muito difícil para os outros e Sansão foi conquistado pelos desejos carnais, pois a fraqueza de Sansão era sua vida moral, ele tinha um grande chamado e missão neste mundo, ele era firme, proeminente, mas apaixonado por desejos ardentes, sem laços emocionais profundos.

Ser dominado pela luxúria finalmente acabou com sua vida, tornando-o extremamente triste e patético, tendo morrido prematuramente por causa de seus olhos perfurados, o que percebemos é que ao adotar um estilo de vida semelhante ao de Sansão correm o risco de terem seu futuro espiritualmente semelhante.

Provérbios 30. 17 diz: *"Os olhos de quem zomba do pai, e, zombando, nega obediência à mãe, serão arrancados pelos corvos do vale e devorados pelos filhos da águia"*. Diversos personagens registrados na história demonstraram desrespeito e até desprezo pelo pai e com consequências desastrosas em suas vidas. Da mesma forma, se folhearmos os últimos registros de nosso tempo encontraremos várias pessoas que odeiam seus pais, imperdoáveis, uma atitude que acaba por esgotar sua saúde física e mental, leva a prisões mentais e até mesmo à cegueira de trauma mentalmente horrível, além da falta de relacionamento pais-filhos ou atitudes que humilham os pais.

Neste provérbio citado anteriormente, o uso da palavra "olhos" é uma sinédoque para expressões faciais, mas refere-se especificamente à aparência e atitude. Não significa apenas os músculos e as membranas mucosas localizadas em uma das órbitas oculares, porque este não mostrará desdém pela autoridade a menos que seja guiado pelo coração. Se o olho é a janela da alma, é melhor nunca ver o desrespeito através dele, provocar é um desrespeito arrogante pelo ridículo ou desprezo, chamamos isso de "rodar os olhos" com desgosto ou ressentimento.

A expressão facial de recusa arrogante em atender às demandas da mãe a rebaixa, o que atualmente parece ser comum, mas considerado um castigo pela aparência e atitude, mas foi rejeitado há muito tempo e como resultado, todos sofrem, mas Deus o odeia. Vivemos dias perigosos de uma geração dedicada ao amor-próprio e à piedade filial, problemas psicológicos, familiares e até financeiros são sustentados por atitudes que desprezam os pais.

O comportamento cego é incapaz de encontrar soluções na vida, sendo considerado um cego espiritual causando uma revolta interior sem conseguir encontrar soluções na vida.

Juízes 16. 20 *"Então Dalila o chamou: Sansão! Eis que os filisteus voltaram! Despertando de seu sono, ele disse: Vou sair e me livrar deles como antes. No entanto, ele não percebeu que o Senhor o havia deixado"*. Qual é o segredo do poder de Sansão? Estava em sua devoção e consagração, em sua aliança e concertos com Deus.

POR UM OLHO!

Como vimos anteriormente, o final desta história foi reescrito pelo próprio Deus, quando Sansão foi preso e enviado para uma prisão de Gaza para moer trigo. E é aqui, em Gaza, onde começou sua queda e subsequentemente finalizará sua redenção. Esses filisteus aparecem em quase todos os livros do Antigo Testamento da Bíblia, tendo destaque nos relatos dos antigos hebreus, onde apareciam como grandes inimigos dos judeus.

Tanto a arqueologia quanto a ciência demonstraram amplamente a veracidade dos relatos e eventos bíblicos. Em Juízes, ele fala sobre a Idade do Ferro governada por esses filisteus que conquistaram o povo judeu porque tinham armas mais avançadas. "Os filisteus, também conhecidos como Povos do Mar, atacaram o Egito durante o reinado de Ramsés III", sendo a grande maioria deles mortos e capturados como escravos, mas alguns atravessaram o Delta do Nilo durante o colapso da Idade do Bronze fugindo para Alexandria e posteriormente indo para Israel, que hoje é Gaza!

Essa luta continua até hoje e de acordo com as profecias bíblicas, só terminará no final desta era, mas o que realmente deve ser analisado é o que eles representam.

Nas citações da Bíblia em Juízes 13 fala que todos os judeus fizeram o que era mau aos olhos do Senhor e ele os entregou ao mal nas mãos dos Filisteus! Estes representam um fato, já Sansão representa um princípio. Entende-se que há inimigos dentro do coração do ser humano, porque o filisteu era um inimigo interno e não externo.

"Sansão então orou ao Senhor com uma oração muito fervorosa: Senhor Deus, eu te suplico que se lembre de mim e me dê forças uma vez, oh Deus, vingue os filisteus, pelo menos por um dos meus olhos" (Juízes 16:28). Esse versículo desafia diretamente a natureza de nossa fé. Por outro lado, mostra claramente todas as limitações que enfrentamos ao passar por isso. Sansão foi um grande juiz de Deus em Israel, e no final de sua vida, preso, humilhado e cego, orou uma última vez, suplicando por livramento dos filisteus.

Então sua força é devolvida e ele empurra as pilastras centrais, destruindo o templo filisteus erigida ao deus Dagon o qual tinha aparência de homem e da cintura pra baixo corpo de peixe. Além dos cinco reis filisteus havia mais de três mil pessoas.

A vida de Sansão foi marcada pela fragilidade moral e espiritual, representou aqueles com força e habilidade admiráveis, mas que não levam a sério seu compromisso com Deus, sendo estes a criação de Deus, mas não levam a sério seu relacionamento com Ele.

Ao olharmos sob uma perspectiva diferente, teremos sempre três alternativas: buscar força espiritual, continuar lutando ou se render. A vida nem sempre é feita de caminhos de flores, céu azul e perfeição, saber que os obstáculos fazem parte de seguir em frente é até um grande recurso, porque o fracasso é só para quem desiste e a vida é uma estrada com curvas com poucos momentos retilíneos.

Em um mundo cada vez mais dinâmico e interconectado, onde sentimos cada vez mais a necessidade de nos superarmos, onde há uma pressão crescente para se destacar em nossas tarefas ou habilidades, precisamos ser os melhores no que somos bons.

A prática leva a perfeição, então para sermos excelentes em algo é primordial que nos especializemos no que sabemos que somos bons e a partir desse ponto, darmos o nosso melhor diariamente.

Mas o medo do fracasso assombra inevitavelmente aos que tentam vencer, sendo uma das principais causas de ansiedade e estresse, ironicamente, eles se tornam um fator que desencadeia a depressão e prejudicam o desempenho, consequentemente prejudicando a memória interrompendo os processos cognitivos necessários para a criatividade e o pensamento analítico. Portanto pense fora da caixa e busque as atitudes que levam ao conhecimento e à inovação.

Bem, neste momento eu convido você a expandir seus horizontes espirituais, além do que seus olhos podem ver!

Somos muito apegados ao conceito de tempo, sendo esta uma criação de Deus para dividir nossa vida em dias, semanas e anos e assim sermos produtivos e fazer valer nossa existência aqui na Terra, mas precisamos compreender que na perspectiva de nosso Senhor esta é apenas uma forma de realizar Seu plano em nós e através de nós.

Sendo assim, podemos afirmar categoricamente que é tempo de remover totalmente a negatividade do coração, porque o pessimismo tomará conta da mente, pouco a pouco destruindo toda a fé. É necessário enfrentar todos os erros cometidos com o coração aberto ao perdão, mudar o que pode ser mudado e aceitar o que não pode ser alterado. Faça isso. Deixe-se sentir, nada é melhor do que orar sozinho e ser grato pelo que você é hoje, pelo caminho que você já percorreu e por tudo o que você já conquistou até aqui.

Lembre-se de que a vida é como os batimentos cardíacos, precisa de altos e baixos para se manter em movimento pois quando fica tudo alinhado é porque chegou ao fim. O fracasso pode ser enfrentado de cabeça erguida, já que somos seres falhos e inexperientes mas, tome essa experiência como ferramentas para moldar seu próximo passo em direção ao sucesso e se achar que não conseguirá sozinho, não tenha vergonha de procurar por ajuda terapêutica ou conselhos de profissionais especializados na mente humana, isso é sinónimo de que você é uma pessoa que conhece seus limites e tem a sabedoria de compreender que nesse caminho é necessário mais uma pessoa para te ajudar a atravessar e nada melhor do que um profissional especialista na área de comportamento e conhecimento humano.

Agora imagine se você pudesse fazer qualquer coisa sem sentir medo ou qualquer outro sentimento negativo. Portanto o problema não é o medo, o real problema é foco errado.

Você poderia simplesmente dedicar o seu foco e sua criatividade imaginando as incríveis descobertas que você terá ao longo de seu caminho!

O seu foco determina sua realidade.

**PORÉM, EXISTE OUTRA DIMENSÃO E AQUI
VAMOS REVELAR A SEXTA CHAVE QUE É:**

A ESCOLHA DE ONDE VAMOS APLICAR NOSSO FOCO

Existem situações em que o medo está mais nos atrapalhando do que nos ajudando e é por isso que precisamos superar esse medo irracional.

De onde vem o seu medo?

Será que é o medo de você se desapontar? Será que o medo de fracassar em público e as pessoas perderem respeito por você?

Um dos meus medos mais fortes é o de não estar contribuindo suficientemente para as expectativas das pessoas que me ouvem. E já aconteceu mais de uma vez de ficar desapontado ao receber algumas críticas dizendo que uma aula que eu pensava ter sido muito interessante, foi considerado inadequada, ou pouco argumentativo... Esse tipo de rejeição poderia diminuir a minha motivação e me fazer parar de produzir aulas com tanta dedicação.

Quando eu sinto esse medo crescendo dentro de mim, vejo que isto poderia me paralisar. Então imediatamente começo a consultar qual a minha motivação.

Percebo que a mesma aula que foi inadequada para alguém, teve valor extraordinária para outras. Cada pessoa está num patamar diferente em sua trajetória.

Algumas pessoas estão mais avançadas, e outras precisam de suporte num nível mais básico. Se uma aula que eu elaborei, redigi e apresentei tem utilidade para pelo menos uma pessoa, eu sinto que valeu a pena.

O que eu quero dizer é que você, com certeza, vai encontrar diferentes vozes representando o medo. Ele pode vir em forma de crítica e opressão contra sua criatividade, sua iniciativa e seus esforços.

E quando você perceber que está começando a se paralisar, é hora de consultar suas vozes internas e relembrar qual é o motivo que te fez começar e seguir adiante.

Você tem a capacidade de escolher onde vai dedicar o seu foco.

Podendo aplicar seu foco no medo ou aplicar o seu foco na paixão que te motiva!

Deus precisa de gente humanamente verdadeira, e isto é um mistério, que até as lágrimas quando profundamente entendida, toca sua alma, de uma paz que excede todo o entendimento.

Deus criador com todos os seus atributos comunicáveis, como subsequentemente os incomunicáveis, não precisaria de criatura alguma perfeita, santo ou completo e absoluto como Ele; não precisaria de ninguém em seus desígnios insondáveis, no entanto Ele quer precisar de cada um de nós para fazer-se presença visível na história da salvação, quer nós humanos, profundamente humanos como somos com a sombra de nossos defeitos e cicatrizes na luz que nos envolve.

Deus não sonha com homens e mulheres perfeitos, mas com seres humanos normais, que sentiram a experiência inefável do amor humano, de pessoas equilibradas que sabe sorrir cantar dar se as mãos num gesto de amizade e confraternização na comunhão da vida. Criaturas livres com a possibilidade diária de resistir. Seu reino não é um exército de robôs, ou seres humanos frustrados, seu reino não é uma milícia instável e volúvel, de conteúdo humano.

Deus não precisa de fantoches, precisa de pessoa sadia, com coração quebrantado! Gente aprazível, que vibra que se internaliza, que se sensibiliza, deseja contar com pessoas, que demonstram precisar de outros, exprimindo e reconhecendo a marca da fragilidade humana, do contrário à sua graça não teria nenhum campo para atuação.

OS PAIS SÃO HERÓIS DOS FILHOS

Ninguém nasce médico, advogado ou escritor, assim como ninguém nasce pai ou mãe como profissão, o ato de educar exige aprendizado e prática. Livros, sites ou entrevistas são formas eficazes de aprender, apesar dos instintos do pai, entender e administrar cada etapa da vida de um filho é sempre a melhor solução. Antes de tê-los, eu não tinha ideia de que ser pai seria uma tarefa tão gratificante. Quem nunca teve medo de errar na educação dos filhos e quando se trata desse assunto, é impossível não mencionar nosso excelente médico Augusto Cury, psiquiatra, professor e autor brasileiro, em seu livro *"Pais Brilhantes, Professores Fascinantes"* enfatiza que os pais devem não apenas corrigir seus erros, mas também ensiná-los a pensar.

Não seja um especialista em criticar má conduta, seja um especialista em fazer as crianças refletirem. Os velhos palavrões, os famosos sermões, definitivamente não vão funcionar e só vão desgastar o relacionamento. "Quando você abre a boca e repete a mesma coisa, aciona um gatilho inconsciente que abre certos arquivos de memória que contêm críticas antigas. Seu filho já sabe tudo o que você tem a dizer, eles vão se armar e se proteger", acrescenta o autor.

A educação é mais do que apenas palavras repetidas. Seja o que você espera de seu filho. O acompanhamento atento da gravidez ajuda os homens a se integrarem melhor ao seu novo papel de pai. Mas os homens tendem a ver mais duramente atitudes como uma questão cultural, e ele assume os papéis mais determinados. Castigos, broncas e palmadas nem sempre são o caso.

Educar e alienar são verbos contraditórios. Os geniais pais de Augusto Cury souberam conquistar primeiro o emocional e depois o consciente. Quer surpreender seu filho? Comece dizendo coisas que ele não esperava, reagindo aos erros de forma diferente, elogie quando esperam repreensão e encorajamento quando esperam uma reação agressiva, que os fascina e registra com maior solenidade. As respostas dos pais podem abalar qualquer fundação.

Como foi possível observar, a busca por um modelo a ser seguido não vêm de hoje, mas sim, de milhares de anos atrás.

O ser humano em sua existência sempre teve uma necessidade intrínseca de pertencimento, por esta razão, sempre que um bebê nasce, a primeira coisa que fazemos é procurarmos semelhanças entre o recém--chegado e os parentes próximos e distantes.

'Segundo uma amiga que estou conversando e entrevistando neste momento, a psicóloga Yakaenya Nascimento, na psicologia analítica este é um conceito desenvolvido pelo Suíço Carl Jung para se referir a conjuntos de imagens primordiais que dão sentido aos complexos mentais e às histórias das quais nossos avós nos contavam, formando o conhecimento e o imaginário dos quais os fenômenos psíquicos tendem a se moldar, e servem de matriz para a expressão e desenvolvimento da psique.

Por esta razão, a busca que se tornou desenfreada pelo modelo ideal para ser seguido, na sociedade em que vivemos, desencadeou um verdadeiro e preocupante adoecimento das pessoas que se deixaram levar por aquilo que está diante de seus olhos, sem considerar a fragilidade dos modelos encontrados.

Estamos vivendo um período semelhante ao dos tempos de Sansão onde se vivia um declínio moral, espiritual e de inversão de valores extremamente preocupante, pois as famílias são o foco principal, querem a todo custo dissolverem o modelo instituído desde a antiguidade, causando assim o caos que vivemos hoje, pois se tornou quase obsoleto o modelo nuclear.

Este declínio tem exigido dos pais, um comprometimento real na criação dos filhos, pois essa vai muito além de ser um modelo a ser seguido, suas atribuições vão desde alimentação, educação, estabilidade emocional ao desenvolvimento das virtudes, e também a formação das cinco grandes áreas da formação humana, que são: física, intelectual, volitiva, afetiva e transcendente, tendo em vista, que a criança é um ser humano, e embora algumas pessoas achem que a criança é um ser puro, onde só há bondade, essa não é uma verdade, nascemos com más inclinações e precisamos ser orientados e formados, finaliza a psicóloga Yakaenya.

Então, apesar de nossas falhas óbvias, fazemos coisas extraordinárias e, na maioria das vezes, não percebemos que somos influentes, respeitados, a base do orgulho de alguém, a base do respeito pelos outros, um verdadeiro exemplo de vida, que investimos nossa vida para cuidar da vida de outras pessoas!

Somos, sem sombra de dúvida, Super-heróis da vida real.

CAPÍTULO 8
O QUE OS OLHOS NÃO VEEM

Este foi o título de um livro infantil publicado no ano que nasceu meu filho Gustavo em 1999, escrito por Ruth Rocha, o qual achei sem dúvida genial como a autora mostra a desigualdade social de uma forma bem educativa para crianças.

A autora relata sobre o autoritarismo de forma metafórica, transmitindo ensinamentos importantes para todas as idades. Na obra a escritora brasileira Ruth Rocha traz a história de um Rei que tem uma doença que só o permite ver os "grandes" da sociedade, de modo que os "pequenos" passam a ser invisíveis para ele. Com o tempo a doença se espalha e todos os que trabalham para o Rei e os demais "grandes" passam a não mais enxergar os "pequenos", que precisam pegar suas pernas de pau para se fazerem vistos pelos poderosos.

Uma reflexão muito interessante acerca da desigualdade social a partir de uma história infantil, possuindo uma moral que muito tem a agregar para as crianças, porém, evidentemente deixa qualquer adulto a pensar e refletir assim como aconteceu comigo.

Em um mundo em que os pobres são muitas vezes invisíveis aos poderosos, aos governantes, aos ricos, temos uma obra tão simples, mostrando que as tais pernas de pau, usadas pelos pequenos na história, é a voz de um povo unido que não quer deixar ninguém para traz, que não aceita deixar tantas pessoas à margem da sociedade.

Existem muitas situações em nossas vidas que nos impedem de ver o óbvio, normalmente o próprio sistema que estamos inseridos nos colocam lentes em nossos olhos, e até mesmo sem percebermos passamos a olhar tudo a nossa volta através de lentes coloridas que filtram o que não deveria ser filtrado, nos impedindo muitas vezes de enxergar com clareza o que não poderíamos ignorar. Entretanto a boa notícia é que todos aqueles que se dispuserem na busca da lapidação de seus sentimentos, certamente desvendarão os enigmas que estão muito além daquilo que seus olhos veem!

Já parou para pensar por que nos camuflamos junto à sociedade com a qual convivemos?

Diria que seja para evitar a sensação de estar só, ou pensar diferente da grande maioria, assim evitamos muitas vezes sem perceber, situações em que nos encontramos isolados. As pesquisas em psicologia social denunciam copiosamente a ação do coletivo sobre o comportamento individual acionada por esse medo do isolamento.

Não podemos negar que a sociedade deixa marcas em nós, percebemos isso nas publicidades que usam a estratégia citando que muitos já consomem certo produto ou serviço exceto você.

Um exemplo clássico de manipulação da mídia aproveitando-se do tal processo de socialização são os indivíduos que tendem a votar nos candidatos os quais são anunciados melhor classificados nas pesquisas.

A sociedade ao longo de toda trajetória define valores para: comportamentos, performances, projetos e metas. Assim, nossas habilidades, ou simplesmente atividades corriqueiras, podem ser consagradas e aplaudidas por todo mundo, ou podem ser tidas como bobas ou indiferentes, porém todos sabemos que as ações humanas valorizadas na prática desportiva em alto nível é estratégia eficaz de enriquecimento e aplausos, e são definidas coletivamente.

Dito isso, cabe aqui uma reflexão sobre esta relação entre alegria e alinhamento social. A verdadeira alegria é quando conseguimos beneficiar verdadeiramente o maior número de pessoas de forma justa, sincera e honesta.

Tudo o que é verdadeiro, tudo o que é nobre, tudo o que é justo, tudo o que é puro, tudo o que é amável, tudo o que é de boa fama, tudo o que é virtuoso e louvável, eis que isto deve ocupar vossos pensamentos. Filipenses 4. 8.

Pense nessas coisas e deixe-as que entrarem em sua estrutura mental, tendo cuidadosa elucubração e estudo, para praticá-las, pense no que são, pense na obrigação de observá-los e principalmente pense na influência que você terá no mundo ao seu redor.

Existem ações que todas as pessoas concordam em elogiar e que em todas as idades e países são consideradas virtudes como: cortesia, solidariedade, bondade, respeito pelos pais, pureza entre irmãos... e o cristão deve ser um padrão e um exemplo em todas elas. O apóstolo Paulo afirma que se existe algo além na natureza sobre a verdadeira virtude, isto deve ser praticado na íntegra.

Gostaria de citar uma frase de Thomas Jefferson (1743-1826) que diz: *quando o mundo estiver unido na busca do conhecimento, e não mais lutando por dinheiro e poder, então nossa sociedade poderá enfim evoluir a um novo nível.*

Caro leitor, quero levá-lo a pensar sobre o "princípio da utilidade" entende-se por aquele princípio que aprova ou desaprova qualquer ação, segundo a tendência que tem a aumentar ou a diminuir a felicidade da pessoa cujo interesse está em jogo. O princípio da utilidade como fundamento da moral proposta pelo jurista inglês Jeremy Bentham (1748-1832), segundo o qual, na deliberação entre várias condutas ou políticas sociais, devemos optar pelas que ensejarem melhores consequências para todos os envolvidos.

Está se referindo que o "bom efeito" não é o sucesso de quem age sozinho e exclusivamente por si e para si próprio, e sim, a alegria do maior número de afetados pela ação, portanto a atuação verdadeiramente proveitosa é a que promove o maior bem-estar para um conjunto de pessoas, podemos inferir que as ações são julgadas certas ou erradas somente pela virtude de suas consequências, sendo que a única consequência que permite atribuir à ação que lhe ensejou um valor positivo ou negativo é a quantidade de bem-estar que dela decorre, tornando todo o resto irrelevante.

Podemos analisar por outro ângulo, se esta leitura foi útil estamos diante do princípio da utilidade, portanto perde-se o tempo que não volta mais, porém se adquire conhecimento. Pensamos no julgamento, o que foi mais útil e beneficente para o aumento da felicidade?

Para tal acontecimento é preciso que realize uma indexação nos respectivos termos de intensidade, duração, certeza, consequências, pureza e extensão, o que chamamos de termômetro da moral.

A palavra MORAL vem do latim mos ou moris – e significa costumes, nós vivemos em uma sociedade que possui normas estabelecidas entre o certo e o errado, em um sentido mais simples a noção de moralidade pode estar associada às noções de justiça, ação e dever: a moralidade não se relaciona àquilo que cada um quer para si e sim às formas de agir com o outro. As diferentes abordagens e pensamentos a respeito da moralidade por parte da Filosofia podem ser referidas como "Ética" ou "Filosofia Moral".

Ainda que "moralidade" se refira a um código moral concreto (a moralidade de determinado país ou a moralidade de determinado período histórico) expressões pelas quais determinamos o que é moral ou imoral, entre esses aspectos está a capacidade de se formar juízos morais que é quando avaliamos o comportamento de alguém, estamos fazendo um juízo moral, independente do código moral no qual nos baseamos.

A moralidade é um fenômeno complexo que nos permite entender de formas distintas o método de agir de cada indivíduo avaliando o meio onde está inserido e sua visão de comportamento com o todo.

Por isso vemos que os pensadores antigos podiam pensar a moralidade como uma dimensão do ser humano e os pensadores modernos podiam pensá-la como uma forma de consciência.

Ser moral, para os pensadores antigos, sobretudo os da Grécia, era o mesmo que descobrir os meios para se alcançar, por meio da razão o máximo de felicidade.

Para os epicuristas por exemplo, a felicidade era entendida como prazer. Para Aristóteles (384 a.C. – 322 a.C.) a faculdade principal do homem e sua maior virtude é a racionalidade, onde para ser feliz o homem precisa exercitar sua capacidade de pensar, para alcançar a virtude, o homem precisa escolher "o caminho do meio", a justa medida das coisas e agir de forma equilibrada.

QUE OS OLHOS DO SEU CORAÇÃO SEJAM ILUMINADOS

Que ilumine os olhos do vosso coração para que compreendais a que esperança fostes chamados, quão rica e gloriosa é a herança que ele reserva. Efésios 1. 18.

Quando comecei a pensar neste capítulo, vários gatilhos mentais passaram a disparar em minha mente como ecos das falas que reverberaram de muitas pessoas que de uma forma ou outra se aproximaram de mim, assim como nossos questionamentos e inquietações que são fragmentos de nossa história.

Lembrei-me então do antigo dito popular difundido no mundo inteiro: O que os olhos não veem o coração não sente. Portanto, a equivalência para nós seria: fora da vista, fora da mente, mas a realidade é outra, mesmo os olhos não vendo o coração sente sim!

Desde um simples pensamento que possa surgir, sem sequer jamais ter vivenciado algo a respeito, nossa imaginação pode transformar qualquer situação em algo possível e visível em aquilo que até mesmo não tem nome, uma criação nossa talvez.

Mas quando os pensamentos são acessados pelo coração ativam dentro de nós sentimentos e vivências interiores de experiências magníficas que nos levam a trabalhar com mais veemência no intuito de efetivamente concluímos aquela ideia, aquele projeto e mesmo que nossos olhos não estejam vendo nada, contudo nosso coração sente sim.

CUIDANDO DO QUE O CORAÇÃO SENTE

Ofereci-me para coordenar "Rodas de Terapia Comunitária" de um ministério do qual fazia parte, o que foi prontamente acolhido com muito entusiasmo pela equipe responsável do departamento filantrópica. A oportunidade de participar e conhecer algo voltado totalmente para a comunidade foi sem dúvida muito gratificante, pois fazíamos rodas com uma média bastante expressiva de 30 participantes e havia realmente um entusiasmo contagiante.

Como todo novo projeto tivemos algumas dificuldades, por exemplo, observei que a palavra "terapia" assusta a muitos e um trabalho que se mostre terapêutico parece ser visto com bastante resistência por algumas pessoas, pareceu existir um certo preconceito, mesmo tendo no grupo uma psicóloga muito conhecida e respeitada. Foi então que decidimos mudar o nome do projeto para Oficina de apoio e Cuidados junto com um belo slogan: Cuidando de nós, também cuidaremos do outro.

Durante as reuniões sentávamos em círculo e focávamos sobre o assunto trazido pelo grupo, abrindo espaço para escutar suas inquietações, onde eram realizadas algumas dinâmicas de grupo quando necessário, para facilitar o contato com o que estava sendo vivido e a troca de experiências, permitindo a construção de uma teia de relações sociais que potencializa o valor da troca de experiências e o resgate de uma dimensão sociopolítica que pode propiciar a superação das adversidades, desenvolvendo a identificação do poder individual e coletivo do grupo. Através destas experiências cheguei à conclusão que existe uma dor muito forte e poucos falam sobre ela, me refiro a "dor da mente".

Como não lembrar do poeta Emílio Moura (1902 – 1971) com seu poema *"Viver não dói, o que dói é a Vida que não se Vive"*. Existem pessoas que passam pela vida imaginando o tempo todo o que não estão vivendo mas seu coração sente que gostaria de estar desfrutando de boas vivências, enquanto outros, mesmo sabendo que a vida é feita de oportunidades e que uma oportunidade perdida poderá jamais voltar a acontecer novamente, deixam de realizar algo no presente momento que lhe traria muita felicidade e satisfação e depois no futuro ao olhar pra traz e ver que não viveu aquela experiência, que deixou passar oportunidades sente tristeza pelo momento de vida que não viveu.

Mas então nos lembramos de Carlos Drummond de Andrade (1902 – 1987) dizendo *"Como aliviar a dor do que não foi vivido"*? No final de seu poema o próprio autor responde e finaliza dizendo *"A dor é inevitável"* e *"O sofrimento é opcional"*.

É preciso enxergar com muita clareza o quanto é importante viver, sendo feliz todos os dias e não buscar a felicidade única, porque quem procurar vai buscar a vida inteira e não conseguirá perceber como era possível ter sido feliz ao longo do caminho.

"O senhor... Mire veja: o mais importante e bonito, do mundo, é isto: que as pessoas não estão sempre iguais, ainda não foram terminadas – mas que elas vão sempre mudando. Afinam ou desafinam. Verdade maior. É o que a vida me ensinou. Isso que me alegra, montão". (Guimarães Rosa, 1986, p.15)

Esta expressão *"as pessoas estão sempre mudando. Afinam ou desafinam"* é uma verdade absoluta, pois por ser uma espécie em evolução estamos sempre evoluindo e comparados a um instrumento existe a necessidade de novas afinações periodicamente para que de nós seja transmitido perfeita harmonia. É como um músico tocando o seu instrumento, se existe melodia e o instrumento está afinado produz uma linda música. Somos afinados dentro daquilo que Deus sonha para nós e a melodia é a nossa vontade em concretizar os sonhos que Deus projeta para nossa vida, levando belas músicas à vida dos outros.

Quando nos afinamos na vontade de Deus trazemos realização e alegria completa para nossa vida e nos tornamos instrumentos da ação de Deus na vida de outros, que é a beleza do cuidado de Deus sempre reservando grandes feitos para nós e a todos que nos rodeiam.

Entretanto quando não nos sentimos seguros para expressar quem somos de verdade, podemos criar máscaras para ocultar nossa fragilidade e viver de acordo com o que esperam de nós. Te convido a abandonar essas máscaras e abraçar as qualidades e os defeitos que nos tornam únicos, você é uma pessoa irrefazível, somos seres irrepetíveis e temos o DNA de Deus em nós!

Precisamos efetivamente definir as prioridades, pois elas fazem parte de quem somos, não podemos viver uma vida exclusivamente para os outros. Viva a sua vida. Viva para ser feliz. Para fazer coisas com propósito.

Para isso você precisa estar alinhado com a sua essência, ou seja, precisa saber quem você é, sem influências externas, além de uma boa dose de coragem e equilíbrio evidentemente, mas é necessário manter a consciência de que todos somos seres imperfeitos, vivendo em uma sociedade de pessoas imperfeitas, você vai frustrar as pessoas próximas involuntariamente e elas inevitavelmente também irão frustrá-lo.

"Alexandre, O Grande, disse que o pior desafio do ser-humano é se autoconhecer, pois teria que enfrentar seus medos e suas paixões".

Com esta pandemia global pela qual acabamos de passar, nos causou um abalo emocional muito grande, nos fazendo refletir que a vida é um espetáculo único e digno de toda nossa admiração e nos levando a perceber a fragilidade do sistema a nossa volta.

Aprendemos a chorar nossas perdas ao mesmo tempo que acreditamos mais em nós, tirando forças da fé para jamais desistir da vida, mesmo que o mundo desabe sobre nós.

Podemos compreender que um simples vírus foi capaz de assolar sonhos e amores, nos fazendo compreender da pior forma possível que independentemente da classe social, sexualidade, da cultura, da cor da pele ou da religião que se professa, somos seres humanos frágeis e finitos, mas de toda a forma somos sensacionais e podemos fazer nosso melhor revertendo erros cometidos no passado e nos tornando seres humanos melhores de hoje em diante.

Com essa vivência aprendemos que devemos julgar menos e amar muito mais, onde no meio a quarentenas, dentro de nossos próprios lares nossos olhos se abriram para realidades explicitamente ensinadas na Bíblia a séculos, aumentando nosso cuidado com a higiene, consumindo alimentos mais saudáveis ao cozinharmos juntos à nossas famílias.

ALTOAJUDA

Início dizendo que esse título não está errado, não foi um erro ortográfico que passou despercebido, muito pelo contrário, fiz questão de colocá-lo assim para chamar sua atenção.

Já li muitos livros que sugerem formas de descobrir o propósito para a vida. Todos poderiam ser classificados como livros de "autoajuda", pois abordam o assunto a partir de um ponto de vista "egocêntrico", pois propõem as mesmas etapas previsíveis para achar o propósito para a vida, os quais enfatizam: Dê importância aos seus sonhos estabelecendo algumas metas, defina em que você é bom e defina claramente seus valores, seja disciplinado e acredite em si mesmo.

O propósito de sua vida é muito maior que sua realização pessoal, sua paz de espírito ou sua felicidade, sendo muito maior que sua família, sua carreira ou mesmo seus mais ambiciosos sonhos e aspirações. Se você quiser saber por que foi colocado neste planeta, deverá começar por Deus. Você nasceu de acordo com os propósitos de Deus e para cumprir os seus propósitos, por este motivo costumo fazer um pequeno trocadilho dizendo: não Autoajuda, mas sim, apontando meu dedo para cima, Alto-ajuda, que se escreve com "l", sendo esta a crença na intervenção divina em nossas vidas em todos os sentidos. Seria a ajuda do alto, aquele auxílio que vem lá do céu. Autoajuda, por sua vez, com "u" é a crença na ajuda própria, ou seja, quando a pessoa acredita que ela mesma é capaz de encontrar uma solução ou um caminho para o problema ou desafio enfrentado. Ela busca se sobressair sem a ajuda de ninguém. Entretanto a alto-ajuda como a autoajuda sugerem uma combinação de fatos que determinam uma ação a favor de alguém. Todavia, fica evidente que alto-ajuda se trata de ajuda sobrenatural, porque ela não surge do interior da pessoa, mas vem dos céus. *"Toda boa dádiva e todo dom perfeito vêm do alto, descendo do Pai das luzes, em quem não há mudança, nem l de variação"* Tiago 1. 17.

O Criador do universo está pessoalmente interessado em você e deseja te encher e te satisfazer com a bondade d'Ele.

Quem não gosta de uma boa surpresa?

E você sabia que Deus ama nos surpreender?

Todos os presentes mais magníficos vêm de cima, do alto do Pai das Luzes.

A procura pelo propósito da vida tem intrigado as pessoas por milhares de anos. Isso porque normalmente começamos pelo lado errado.

Costumamos fazer perguntas voltadas para a nossa pessoa, mas nos concentrando em nós mesmos apenas e jamais conseguiremos desvendar o propósito de nossa vida.

CONHECER SEU PROPÓSITO DIRECIONA SUA VIDA

Todos sabemos que faz parte da natureza humana distrair-se com assuntos de menor importância e muitas vezes quando nos damos por conta, estamos fazendo de nossa vida um jogo de passatempo.

Henry David Thoreau (1817 – 1862) observou que as pessoas vivem em um "desespero silencioso", mas hoje uma melhor descrição seria "distração sem objetivos". Dias atrás fabriquei um giroscópio humano, aquele criado pela NASA (National Aeronautics and Space Administration – Administração Nacional da Aeronáutica e Espaço) para simular gravidade zero, mas o enorme brinquedo metálico tinha o único objetivo de entretenimento da família e amigos que tivessem coragem suficiente para colocar o cinto de segurança (paraquedista) e girar em um ritmo frenético nos três eixos do aparelho simulando um ambiente sem gravidade.

Poderíamos comparar ao giroscópio pessoas que vivem sem propósito, girando no mesmo local sem jamais chegar a lugar algum, pessoas sem um propósito definido, continuamente estão a alterar seus rumos, relacionamentos, igreja e tantas outras circunstâncias externas na esperança de que cada mudança solucione a confusão ou preencha o vazio em seu coração.

Sem Deus a vida não tem nenhum propósito e sem um propósito a vida não tem significado e sem um significado a vida não tem relevância ou esperança. A maior de todas as desgraças não é a morte, mas uma vida sem propósitos. A esperança é tão essencial para sua vida como o ar e a água.

Pare de tentar fazer de tudo, faça menos e procure fazer somente o que for mais importante de verdade pra você. Tenha a mais absoluta certeza de que não há nada tão potente e poderoso como uma vida direcionada, que é vivida com um propósito.

Lembro-me quando era criança e aprendi a "concentrar" os raios de sol através da lente de um óculos e o quanto fiquei totalmente impressionado com aquele ponto de luz pegar fogo na grama ou papel. Quem nunca ensinou isto para uma criança, porém talvez sem saber o que na verdade acontece, mas o que ocorre nesse experimento é que a lupa utiliza uma lente convergente, ao ser exposta ao sol de maneira correta conseguimos unir vários raios solares em uma única posição, proporcionando o aumento da temperatura forma plena com total eficácia. Podemos usar esta analogia para esclarecer que precisamos "juntar" todas as forças e novas ideias em uma única posição.

Os homens e mulheres que mais influenciaram na história foram os mais concentrados numa direção.

Escreva nas tábuas de teu coração está frase:

"O Propósito Produz Entusiasmo".

A filosofia é um tema importante e tem sua utilidade, mas quando se trata de determinar o propósito da vida, mesmo o mais sábio dos filósofos está apenas supondo.

Por milhares de anos, filósofos brilhantes discutiram e ponderaram sobre o significado da vida, foi então que o Dr. Hugh Moorhead, professor de Filosofia na Northeasternq Illinois University, resolveu fazer um experimento e escreveu para 250 filósofos, cientistas e intelectuais de todo o mundo perguntando: "Qual o significado da vida"?

Ele publicou suas respostas em formato de livro, e entre tantas explanações e palpites, alguns admitiram ter apenas inventado um propósito para a vida e outros foram honestos o bastante para dizer que não tinham a menor ideia, e por fim, alguns dos intelectuais pediram ao professor Moorhead que respondesse a essa pergunta, caso descobrisse o propósito da vida.

O Todo Poderoso revela através de sua palavra o que nenhum livro de autoajuda ou de filosofia pode explicar: Qual é o verdadeiro propósito para nossa vida?

Todas as coisas foram criadas nele e nele encontram propósito. Colossenses 1. 16.

Andrei Bitov (1937 – 2018), um romancista russo, cresceu sob um regime comunista e ateu, mas Deus chamou sua atenção em um dia lúgubre que ele recordava: *"Aos 27 anos de idade, enquanto viajava no metrô de Leningrado (agora São Petersburgo), fui dominado por um desespero tão intenso que a vida pareceu parar de uma vez, anulando completamente o futuro e não deixando nenhum significado. De repente, uma frase apareceu por si só: Sem Deus a vida não faz sentido. Repetindo-a, assombrado, eu repassei a frase como em uma escada rolante, saí do metrô e caminhei para a luz de Deus".*

VIDA COM PROPÓSITO

Impossível não lembrar neste momento do ilustre Pastor Junior Rostirola, verdadeiramente um ser humano de raro quilate, que nasceu em um lar disfuncional e teve um pai alcoólatra que agredia toda a família, vítima das dores dos maus-tratos físicos, sofreu também emocionalmente as dores do abandono, do bullying e da rejeição.

Diante de um cenário tenebroso como este, existia dois caminhos: permanecer mergulhado no sofrimento ou enfrentar a dor e fazer dela uma inspiração para transformar a vida de outras pessoas.

Todo o sofrimento que sentiu na vida gerou nele uma inquietação para procurar seu propósito nesta vida e Deus blindou seu coração de forma singular para que ele absorvesse as adversidades e as transformasse em combustível para gerar mudança na sociedade.

Ele encontrou o propósito da vida com muito entusiasmo, esta é uma característica fundamental dos vencedores.

Ao ler seu livro: "Encontrei Um Pai" é impossível não se emocionar com os testemunhos impactantes de pessoas que tiveram suas vidas transformadas pela ação social e hoje ele lidera centenas de voluntários em importantes projetos sociais, além de acolhimento de crianças e adolescentes, também atende acolhimento de mulheres para tratamento contra dependência química e alcoólica e programas de combate à fome.

Na obra aborda questões que acabam contribuindo com o desenvolvimento de bloqueadores que nos impedem de chegar até uma vida plena levando a identificar esses traumas, dores e sofrimentos para demonstrar como o auxílio divino pode trazer a força necessária para superar as dificuldades relacionando essas dificuldades a orfandade e a distância que o homem vive de Deus.

Nesta jornada até o encontro da filiação em Deus, existe a revelação de que você foi planejado para dar certo, passando a viver na consciência de que nascemos em Deus, logo temos a paternidade divina sendo esta visão o caminho para a cura espiritual.

O Mestre disse: *Mas abençoados são os vossos olhos, porque enxergam; e os vossos ouvidos, porque ouvem.*

Espero que já tenhas escrito nas tábuas de teu coração a frase: "O Propósito Produz Entusiasmo", porque o entusiasmo é a mola propulsora de todas as realizações. A palavra entusiasmo vem do grego - EN THEOS - e significa "ter Deus dentro de si", ou para ser mais completo seria: "en-theos-asm" que significa "sopro de Deus dentro".

Se a respiração é nossa principal fonte de energia física, o entusiasmo é a principal fonte de energia motivacional. Segundo os gregos, só as pessoas entusiasmadas eram capazes de vencer os desafios do cotidiano, criar uma realidade ou modificá-la.

Mas não confunda entusiasmo com otimismo, são coisas bem diferentes. O otimismo significa esperar que uma coisa dê certo enquanto o entusiasmo é acreditar que é possível fazer dar certo. Gerando uma imensa energia interna dotada de um ânimo capaz de mover as pessoas adiante, com dedicação e força criadora ainda que as condições não sejam favoráveis, tanto que a experiência mostra que o sucesso e o êxito estão, na maioria das vezes, relacionados ao nível de entusiasmo das pessoas do que à sua capacitação técnica ou à abundância de recursos.

Falar com brilho nos olhos é falar com o coração, com inspiração, disposição, amor, crença no Deus Todo Poderoso, experiência e propriedade. Vendo o que os olhos não veem. Vendo além do que o olhar natural vê.

Quando existe entusiasmo mesmo as tarefas mais chatas e difíceis são realizadas com empenho e alegria, sendo capaz de estender a mão ao necessitado em todo tempo, enxergando os pequenos e tornando-os grandes, transformando aqueles que desejam pegar pernas de pau para se fazerem vistos pelos poderosos e convencendo-os que não necessitam delas para serem valorizadas diante de Deus.

O entusiasmo inspira credibilidade e faz crescer a força de vontade como também, ajuda a renovar as forças nos fazendo ver a derrota como uma nova oportunidade para recomeçar e fazer toda diferença.

CAPÍTULO 9

O PRAZER DE DEIXAR-SE ENCANTAR PELO OLHAR DE UMA CRIANÇA

Não sei se você, assim como eu, já observou o quão impressionante é a pureza e o brilho do olhar de uma criança. Observar o movimento curioso dos seus olhos engajados em desvendar o que para ela se constitui na verdade um mistério.

Para a criança tudo é novo, portanto, intrigante e laborioso, segundo os mestres no assunto, sinapses disparadas entre bilhões de neurônios criam redes de conhecimento que são fortalecidas através da estimulação intencional ou de novas experiências. Então observando os olhinhos destas crianças poderíamos dizer que seria como se pudéssemos ver a complexidade dos milhões de conexões que seu cérebro está gerando. Experimente fixar seu olhar nos olhos de uma criança que está aprendendo algo novo, poderá contemplar o brilho de sua curiosidade, do seu desejo de aprender com muita alegria aquilo que aos seus olhos é incrivelmente magnífico. Por este motivo a infância precisa ser respeitada principalmente no que diz respeito às fases, evitando assim a estimulação precoce, resguardada das diferenças sociais, famílias disfuncionais, descaso, abandono ou abuso.

Segundo a Organização Pan-americana da saúde *"o desenvolvimento infantil pode ser definido como um processo multidimensional e integral, que se inicia com a concepção e que engloba o crescimento físico, a maturação neurológica, o desenvolvimento comportamental, sensorial, cognitivo e de linguagem, assim como as relações socioafetivas. Tem como efeito tornar a criança capaz de responder às suas necessidades e as do seu meio, considerando seu contexto de vida"* (ORGANIZAÇÃO PAN-AMERICANA DA SAÚDE, 2005).

É importante situar aqui que a "adultização" é muito perigosa, o ato de querer acelerar o desenvolvimento das crianças para que se tornem logo adultas provoca perda da infância, da coletividade como também da socialização e do mais importante, a fase do brincar livremente. Entendemos que as crianças mesmo que estejam imersas nos comportamentos cotidianos de desenvolvimento e nas relações do mundo dos adultos, elas anseiam pelo brinquedo, pelas interatividades infantis e pelas oportunidades de conviverem e brincarem com outras crianças.

Segundo algumas pesquisas com especialistas o fato de querer ser adulto antes da hora compromete a identidade de ser criança e consequentemente, pode levar a uma vida adulta mais tímida.

Todos nós sabemos muito bem que nossa sociedade valoriza a beleza, a fama proveniente de filmes e a supervalorização da moda através de propagandas divulgadas pela mídia em geral. Portanto sabendo que esta influência afetam as crianças é preciso rever continuamente nossas atitudes e com muita sabedoria educá-las com amor, evitando assim que toda esta influência acabe apagando o brilho de seus olhinhos, pois não há nada mais triste do que o olhar de uma criança sem brilho, sem bravura, sem esperança e sem confiança.

Vendo então que meu interesse sobre este assunto encontrava eco na Palavra de Deus, resolvi estudar a matéria cuidadosamente, surgindo daí esta humilde explanação, mas antes desejo expressar despretensiosamente, que este ensino não esgota de forma alguma todo este tema, no entanto, segue com grande expectativa de que todos quantos lerem este livro recebam edificação espiritual.

Dito isto, concluo essa visão de ampliar nossa ótica de encantar-se pelo olhar de uma criança enfatizando que o papel dos pais é sem dúvida alguma, proteger a infância e garantir que as crianças possam viver felizes cada fase do seu desenvolvimento.

CAPÍTULO 10
CEGUEIRA ESPIRITUAL

Talvez você não lembre de Norman Cousins (1915 – 1990) o qual foi jornalista político americano, autor, professor e também conhecido como defensor da paz mundial, mas tenho certeza de que já tenha ouvido, uma de suas frases, que diz: *"A morte não é a maior perda da vida. A maior perda da vida é o que morre dentro de nós enquanto vivemos"*.

Muitas vezes quando nossas expectativas são completamente frustradas, quando sentimos que fracassamos em nosso propósito, quando perdemos algo ou alguém passamos a acreditar que a vida terminou. Morrer significa que uma fase terminou e outra nova se iniciara, a morte física significa a transição de um estado para o outro, não significa o fim, existe um tempo de luto necessário, devemos parar de resistir a dor e a perda, pois são inevitáveis. O luto é necessário para se deixar fazer a despedida, guardar os bons sentimentos, reprogramar um novo processo e continuar a vida com uma nova jornada pela frente, este período se faz necessário para conseguir levar boas lembranças do passado, mas com uma visão no futuro.

Temos uma dificuldade óbice em aceitar as transições da vida e com isso temos a sensação de que a vida não voltará mais a ser como era.

Todavia existe um processo de desligamento e é neste momento perguntamos por que Deus permitiu tal coisa acontecer? Conquanto que haja somente uma resposta e que na verdade não é uma resposta, porque Ele não interfere nas nossas escolhas, pois o agir de Deus na nossa vida é muito delicado, Ele nos dá o livre arbitro e a partir disso escolhemos como vamos agir no percurso.

No momento do luto estamos psicologicamente abalados e temos duas opções: a primeira é decidirmos levantar a cabeça e voltar a viver, recomeçando tudo novamente com mais alacridade, com entusiasmo, amando a vida, as pessoas a nossa volta e os que dependem de nós, e que esperam algo de nós, decidimos então, acertadamente gerar vida na vida das pessoas que se aproximam de nós. E a segunda opção é a de optar por continuar apenas sobrevivendo e nesta situação nossa postura muda e decai, nossa pele empalidece, o coração enrijece, e passaremos a nos enxergar como um vegetal, que aguarda pacientemente, vivendo um dia após o outro neste planeta, ou alguém usaria uma metáfora, dizendo: o homem é o zumbi ambulante do homem. Quem sobrevive, vive em um estado de dormência que as impede de perceber a realidade a sua volta.

Não devemos deixar jamais que a vida morra por dentro.

Quando a tristeza começa a consumir, quando seu mundo passa a ficar sem cor, quando sua esperança se esvai por entre os dedos e parece estar caminhando sem sentido, isso significa que a morte chegou. E realmente não há nada mais terrível do que estar morto em vida e é isso que Norman Cousins expressou em seu livro que não podemos permitir que sonhos morram dentro de nós.

Algumas linhas acima, usei a palavra zumbi de forma metafórica e foi inevitável neste momento, não lembrar daqueles "filmes de zumbis" (mortos vivos) que tem arrecadado centenas de milhões nas telas dos cinemas do mundo inteiro. Eu particularmente nunca assisti a nenhum, entretanto, anos atrás fui motivado a realizar uma pesquisa aprofundada e compreendi sua origem que quero dividir com vocês.

Inicialmente nos perguntamos se podem existir pessoas vivas mais mortas do que os próprios zumbis?

Ao iniciar a pesquisa foi encontrado livros do século passado com William Buehler Seabrook (1884-1945) que foi um ocultista, sim exatamente isto, pasme, mas realmente ele era um satanista, viajante e escritor americano e os conceitos apresentados por ele abrangem pesquisa detalhada sobre relatos de rituais modus e canibalismo.

A palavra zumbi se originou de diversas palavras a seguir: do francês ombres (sombras), do caribenho jumbie (fantasma), do bonda africano zumbi, do kongo nzambi (espírito morto) ou também de zemis um termo usado pelos indígenas arawak do Haiti para descrever a alma de um morto.

Em 1819, o termo "zumbi" foi registado no Oxford English Dictionary e era usado frequentemente entre os escravos do sul dos EUA na última metade do século XVIII. Mas foi de fato em 1889, em um artigo escrito pelo antropófago Lafcadio Hearn (1850-1904) para a revista

MUITO ALÉM DO QUE SEUS OLHOS VEEM

Harper's Magazine, intitulado "The Country of the Comers- Back" [A terra dos que voltam] que a palavra zumbi ganhou algum destaque no mundo anglo-saxão.

O artigo contava sobre a viagem feita por Hearn em 1887 para a ilha da Martinica no Caribe, onde o antropólogo ouviu muitas lendas.

Através da literatura que o tema zumbi aos poucos foi se tornando mais conhecido na cultura ocidental, no ano de 1929 o aventureiro norte-americano William Seabrook lançou um de seus livros que narrava suas aventuras no Haiti, considerada a "capital vodu" do Caribe, onde Seabrook contava as histórias e até mesmo o contato obtido com as criaturas consideradas "mortas-vivas".

O zumbi de vodu tratava-se não de uma pessoa morta de fato, mas sim de um indivíduo em um estado mental suscetível ao controle de outras pessoas, feiticeiros da seita de vodu criavam uma neurotoxina chamada Tetrodotoxina "pó de zumbi" que era aplicado sorrateiramente na vítima pelas costas, sendo absorvida pela pele provocando paralisia, imobilidade e a perda de consciência, daí vêm à ilusão de morte aparente.

Eles eram enterrados e posteriormente os desafortunados eram desenterrados pelo feiticeiro, que sabia que a pessoa não estaria morta de fato. Depois de tirado do próprio túmulo, a pessoa passava a ser controlada, não se sabe ao certo se por meio de hipnose ou algum efeito colateral da droga ingerida pela vítima, a vítima virava um zumbi sendo escravizada pelo feiticeiro, fazendo diversos trabalhos braçais, como cuidar de plantações de cana, entre outras tarefas.

Apesar de parecer bastante surreal, esse conceito era muito conhecido no Caribe do começo do século XX, e fazia parte do imaginário cultural da população e muitas pessoas temiam ser "zumbificadas" e perderem suas almas, algumas famílias com medo de que seus entes queridos se levantassem de seu descanso eterno chegavam a pagar seguranças para cuidar de seus túmulos ou em casos mais extremos, baleavam os mortos para ter certeza de que não voltariam outra vez.

Sei que este assunto é muito forte, porém isto aconteceu na vida real e lamentavelmente centenas de pessoas foram escravizados.

Por este motivo precisamos enfatizar que os acontecimentos dos filmes, eram baseados em casos reais, o que aumentou o interesse do público pela obra nos cinemas que o fez ganhar as grandes massas.

Os filmes criaram um enredo onde as criaturas transformavam pessoas saudáveis em desmortos através de uma mordida e só podiam ser aniquiladas se o seu cérebro fosse neutralizado por um ferimento mais grave na cabeça. Esses eram os zumbis modernos que seriam representados pelas próximas gerações até os dias de hoje, ou a ideia de corpos humanos que são tomados por um vírus e fazem os humanos vagarem, sem consciência nenhuma e sedentos por cérebros estão na moda.

Apesar do tema não passar de ficção, muitas pessoas experimentam esse estado e passam pela vida sem consciência alguma sobre a realidade.

Existe uma análise psicossocial avaliando cada filme apresentado, sendo interpretado como a sociedade em que estavam inseridos, onde ao matar a cabeça (razão, lógica, intelecto) daquele mundo em que viviam, eles encorajam o corpo (emoção, desejo, carne), sendo nítido se analisarmos que as personagens começam a história procurando um lugar seguro, usando a "cabeça" e ao encontrarem um shopping por exemplo, eles matam a razão e dão lugar ao "corpo" ao consumirem e deixarem-se seduzir pelo materialismo que o lugar proporciona.

Este assunto despertou em mim uma epifania, uma inspiração como lampejo destas que talvez, nem mesmo o melhor dos analistas conseguisse provocar. Me chamou muito atenção um artigo que o jornalista Fábio Bandeira escreveu: *será que não estamos vivendo demais nossa vida "social" e matando nossa vida real? Não falo daquele encontro com a família ou da esticada com os amigos depois do trabalho. A vida social que me refiro é aquela recompensada por likes e coraçõezinhos, ou mesmo aquele aplicativo que faz os olhos das pessoas brilharem a cada barulhinho indicando mensagem recebida. Suspeito que a vida real para algumas pessoas, se tornou tão tediosa a ponto de muitos não querer mais ter contato com ela.*

Minha esposa e eu apreciamos muito conhecer novos ambientes e bons restaurantes, onde deixamos nossos aparelhos de lado para nos conectar totalmente um ao outro de forma profunda e única, poderia afirmar categoricamente no estilo olho no olho. Então, uma noite destas em um enorme restaurante completamente lotado foi inevitável não deixarmos de observar que em todas as mesas à nossa volta, casais ou grupo de pessoas deixavam de existir uns para os outros naquele momento. Todos sem exceção, estavam com suas cabeças baixas fixados ininterruptamente na tela de seus aparelhos celulares, e durante horas permaneceram naquele mesmo estado sem interação pessoal entre si.

Principalmente neste período pós pandêmico onde houveram muitas inseguranças e incertezas, além de perdas e doenças, mas em contrapartida o isolamento nos proporcionou uma desaceleração na rotina corrida, nos forçando inicialmente a manter um isolamento social e nos levando a refletir sobre os valores da vida, e assim foi possível reavaliar o que é realmente importante nas nossas vidas, pensar no tempo que ainda (possivelmente) temos para desfrutar com quem amamos e então criar espaço na agenda para sentir aquela sensação gostosa do convívio com as pessoas que amamos e com isso podemos compreender que essa experiência nada mais é do que um presente de Deus para nós, uma segunda chance para corrigir alguns erros que estávamos cometendo e recalcular a rota para o futuro.

Porém, quando não conseguimos ver deste modo, passaremos lamentavelmente substituindo a felicidade real em detrimento da ilusão virtual tornando os relacionamentos cada vez mais impessoal, além de transformar todos em zumbis hipnotizados pelas telas e redes sociais.

Assassinamos nossa alegria quando a selfie para redes sociais são mais importantes que o evento e as pessoas com que estamos participando, pois não estamos vivendo o mundo real. E como disse o Reitor da Universidade Harvard: *É preciso desconectar-se desta eutanásia virtual, (ou morte sem dor), e parar de viver tipo zumbi, apreciando mais a vida ao redor, pois se pode-perder excelentes oportunidades.*

Como citado anteriormente, o zumbi também é uma figura irreal e funcionou como uma metáfora social nos cinemas onde define-se como uma pessoa morta que foi reanimada e que vive a perambular de forma bizarra, privada de vontade própria e que anda o dia inteiro em busca de comida agindo apenas por instinto usando apenas as partes básicas do seu cérebro, logo, não pensa, não cria, não idealiza, não inova e não muda. Após essa breve análise façamos uma troca substituindo a busca constante por "comida" em uma busca por dinheiro.

Ao acordarmos todos os dias e indo para o trabalho andamos aparentemente sem rumo, no modo automático, com passos errantes, alguns se arrastando e tudo para que possamos chegar em nossos empregos para manter o fluxo de dinheiro, algumas pessoas perdem inclusive o sono pensando em dinheiro e em como ganhar mais, como aplicar melhor seus recursos ou como receber retornos imediatos a qualquer custo. Não estou de forma alguma querendo dizer que desejar mais dinheiro ou fazer ótimos investimentos seja errado, de forma alguma e bem pelo contrário, pois a Bíblia Sagrada traz muitos ensinamentos valiosos sobre este assunto que deve ser tratado com muita seriedade e sabedoria. Se juntarmos oração e Fé que são evidentemente 2 assuntos essencialmente Espirituais e Importantes, teremos cerca de 500 versículos na Bíblia, entretanto, sobre bens, riquezas e dinheiro, teremos 2350 versículos. Sendo assim, prova de que a inspiração de Deus sobre este assunto é tão importante quanto qualquer outro assunto.

Então é importante priorizar o que te motiva a viver, separar um tempo para adquirir experiência, ganhar dinheiro e administrar bem seus rendimentos, mas não podemos deixar de lado nosso momento de laser onde aproveitamos momentos importantes com quem amamos e recarregamos nossas energias para desempenhar cada vez mais e melhor nosso trabalho na busca de um crescimento financeiro que irá proporcionar mais momentos inesquecíveis com quem gostamos.

Nosso cotidiano tem sido desenvolvido de forma tão automática onde realizamos tarefas sem pensar, por longos períodos que não passamos de zumbis presos em uma realidade infeliz e não lutamos para mudar e sair desse looping.

Infelizmente nos costumamos a fazer as mesmas tarefas, o mesmo trajeto, as mesmas perguntas e sem inovação, sem conseguir sair desta frenética rotina, e o pior é que assim como os zumbis quando conseguem a comida e devoram tudo, alguns utilizam todo o dinheiro que recebem de uma vez, sem guardar nada para o amanhã dando a velha desculpa "ninguém conhece o amanhã, podemos estar mortos". Uau, se for pensar assim quanta coisa nessa vida deixaríamos de fazer?

Mesmo assim acho bem difícil em vários casos sair dessa marcha zumbi, com outros zumbis tentando nos empurrar novamente para a marcha errante, além de ser muito cômodo não pensar e apenas realizar tarefas automáticas, trabalhando demasiadamente apenas para suprir suas necessidades ou desejos e quando a conquista, deseja outro, que para supri-los deve trabalhar mais e mais.

Para dar um sentido na vida e sair desse ciclo vicioso é necessário tomar uma decisão assertiva e mudar velhos hábitos, mudar sua rotina, quebrar aquela corrente que te arrasta para o mesmo lugar, criar uma rotina saudável, com pessoas motivadas, ler livros que abram sua mente, buscar recompensas reais e motivadoras, investir em autoconhecimento buscando alimentar seu cérebro com acontecimentos vivazes, evitar pessoas negativas, coisas negativas, começar a fazer planos e traçar metas, desenvolver sua capacidade de liderança e empreendedorismo, nos tornando responsáveis pelo futuro.

"Ampliamos nossa visão" quando aprendemos a utilizar o tempo para fazermos o que nos faz bem, quando criamos tempo de qualidade com quem temos afinidade, ou seja, vivermos de fato nossas vidas da melhor maneira possível, então podemos citar uma frase muito propícia de William Shakespeare (1564 – 1616). *"Todas as graças da mente e do coração se escapam quando o propósito não é firme"*. Precisamos em todo tempo ter nosso propósito firme e muito bem definido!

Não poderia deixar de abordar também nesta análise o que acontece na esfera espiritual, onde assistimos filmes permissivos, porém devemos estar alerta, fazendo a nós mesmos a pergunta: será que convém? Isso vai edificar minha fé, vai me fortalecer espiritualmente ou vai contaminar meus pensamentos com coisas negativas?

Sabemos que tudo tem uma emoção espiritual e querendo ou não, acaba- se abrindo um portal espiritual para trabalhar em toda aquela emoção.

Podemos ler as palavras de Jesus em Lucas 11. 34 *"Teus olhos são como uma lâmpada para todo corpo. Sendo, pois, o teu olho bom, também todo o teu corpo será luminoso; mas, se for mau, também o teu corpo será tenebroso"*.

Sabemos que o objetivo de qualquer filme de terror é provocar pavor e medo exagerado, ou seja, o intuito é o mal, mas é muito perigoso ter fascínio pela maldade e crueldade, pois sem que percebamos, nossa mente fica dominada por aquilo e então o medo pode se instalar em nosso subconsciente e acabar dominando nosso consciente, crescendo e baixar nossa racionalidade e nosso discernimento.

No set de filmagem os atores buscam criar uma atmosfera pesada para passar toda aquela emoção e isso se materializa, sendo que aquela energia e vibrações que mergulham tanto automaticamente abre- se um portal negativo e com o tempo isso pode fazer com que tenhamos medo de coisas simples, como por exemplo, medo de ficar em casa sozinho, sensação de que tem alguém nos observando, isso tudo é consequência de alimentar a mente com coisas ruins.

Existem pessoas que eram muito corajosas, mas agora estão dormindo de luz acesa porque veem vultos, enquanto outros não possuem ânimo para se levantar da cama em estado de depressão.

Então, a Bíblia afirma que todos os dias nós enfrentamos uma guerra, mas a nossa luta não é contra o nosso cônjuge ou contra as pessoas da nossa família, nem tão pouco com os colegas de trabalho, mas sim contra satanás e seus demônios.

Veja o que está escrito: *"Vistam toda a armadura de Deus, para poderem ficar firmes contra as ciladas do diabo, pois a nossa luta não é contra pessoas. Mas contra os poderes dominadores deste mundo de trevas, contra as forças espirituais do mal nas regiões celestiais. Efésios 6. 11 e 12"*.

Existe um mundo espiritual paralelo em que forças espirituais do mal trabalha de forma a não permitir que pessoas sejam libertas de prisões sem muros. Mas o Todo Poderoso Deus está sempre pronto e disposto a batalhar por aqueles que colocam Nele sua esperança.

Leia em 1 Pedro 3. 9 – *"Não retribuam mal com mal nem insulto com insulto; pelo contrário, bendigam; pois para isso vocês foram chamados, para receberem bênção por herança"*.

Em Isaías 64. 4 Está escrito: *"Porque desde a antiguidade não se ouviu, nem com ouvidos se percebeu, nem com os olhos se viu ou vislumbrou outro Deus além de ti, que age em favor daqueles que Nele depositam sua esperança"*.

Enquanto o Sábio Salomão escreveu Provérbios 13. 12 – *"A esperança adiada desfalece o coração, mas o desejo atendido é árvore de vida"*.

Romanos 5. 5 diz: *"E a esperança não nos decepciona, porque Deus derramou seu amor em nossos corações e ela é a presença do próprio Deus em nós. Somos morada d'Ele. O qual é essa força que nos impulsiona para frente, para cima, e nos faz ir adiante. Se essa esperança, que é a presença do próprio Deus em nós, morrer, o que nos resta? Não há morte pior que essa"*.

Todos nós trazemos o sentimento de esperança cravado dentro de nós, e a melhor sensação do mundo é saber que existem infinitas possibilidades para resolver toda e qualquer dificuldade.

Faz parte do ser humano esperar e acreditar, somos seres em expectação, sempre à espera de algo ou alguém, além disso, ainda existe um conflito interno que vivemos todas as vezes que tendemos a desistir de algo que estamos a esperar com tanto zelo.

Claro que as realidades que vivemos, as dores que enfrentamos, as dificuldades que nos desafiam, são motivos para nos fazer enfraquecer e até desanimar muitas vezes, mas não importa o que aconteceu em seu passado, confie em seu futuro.

A famosa frase "a esperança é a última que morre" tem seu fundo de verdade, pois, internamente lá no fundo do coração sempre esperamos que um milagre repentino aconteça e que as mudanças surjam. Sendo assim, esta é uma realidade forte que realmente abala nossa alma, que nos força a acreditar sempre na esperança.

Esperar por esperar não nos tranquiliza, não traz frutos, nossa espera é baseada no acreditar em algo ou alguém maior, que nos ajuda a superar aquela tal dificuldade. Nós, cristãos, acreditamos no Deus dos impossíveis, aquele que pode todas as coisas.

CAPÍTULO 11
VIAGEM NO TEMPO

Ao longo das eras, indivíduos eminentes, como pensadores, visionários, cientistas, investigadores, líderes políticos, líderes religiosos, comunicadores e instrutores, têm exercido um papel crucial como agentes influentes e forjadores de opinião, moldando a consciência coletiva de uma geração para a próxima. Eles têm transcendido fronteiras ao apresentar suas descobertas revolucionárias, expressas através de suas expressões artísticas, experimentos inovadores e até mesmo suas dissertações e pesquisas acadêmicas. Foram visionários que conseguiram expressar suas ideias de forma clara, criando conexões em todos os níveis de consciência e setores sociais, através do incrível poder da imaginação, pois foram idealistas extraindo de suas mentes criações inovadoras, levando ao mundo suas idealizações ainda inexistentes que hoje desfrutamos.

Quem nunca parou diante de um porta-retratos com uma fotografia antiga e por alguns instantes sua mente o levou a viajar no tempo, em uma velocidade vertiginosa, sem nos darmos conta que um turbilhão de emoções e sentimentos nos envolve, quase que aparentemente de uma forma involuntária?

Estou fazendo isto exatamente neste momento enquanto escrevo, sentado em uma confortável poltrona de couro na minha sala de estar, a minha frente acima de um longo espelho horizontal, temos vários porta-retratos fixados pela parede, e a cada um que passo a contemplar, minha estrutura mental me faz verdadeiramente viajar no tempo, voltando a lembrar cada detalhe do momento em que vivenciei aquelas situações.

A sensação quando fecho meus olhos quase poderia descrever uma espécie de metaverso, lembranças que me fazem imaginar o momento e situações diversas que nos aconteceram em todas as ocasiões destes registros em fotografias, inclusive sinto alegria e quase o mesmo prazer que senti na época que viajamos por todos estes lugares incríveis.

Explorar a ideia de viagem no tempo desperta uma curiosidade profunda e tem sido frequentemente retratada em inúmeras obras cinematográficas. No entanto, aqui estou me referindo especificamente à viagem mental no tempo, uma faceta fascinante que podemos empreender através da nossa imaginação. Nosso cérebro possui a notável capacidade de nos transportar para momentos passados e até mesmo projetar-nos rumo a um futuro ainda não vivenciado.

Aceite o convite para libertar seu imaginário através do pensamento antidialético, que sobrepõe ao pensamento dialético, este que usamos através do código das línguas para falar, para escrever e debater.

Mas voltando à minha sala, continuo a observar alguns objetos de decoração agora, em uma prateleira de vidro a minha direita, vejo a esfera de metal com camada de 10 mícrons de cromo duro sobre uma canaleta, e imediatamente consigo mesmo de olhos abertos viajar no tempo para o passado conseguindo visualizar quando estes objetos ainda não existiam de forma física, apenas era uma ideia na minha mente em que com lápis e papel começava rascunhar um projeto de algo que não existia, além da "imagem mental e surreal".

Certamente você já cruzou com a palavra "surreal". Ela permeia nosso vocabulário quando buscamos expressar nossa incredulidade diante do inacreditável, daquilo que nos desafia a acreditar ou compreender. No entanto, no reino fascinante da arte surreal, onde a imaginação e a criação se entrelaçam, não encontramos dificuldade em aceitar a existência de algo tão extraordinário. Afinal, esse mundo provém de um lugar onde tudo é permitido e todas as possibilidades se concretizam: o mágico universo dos sonhos.

Lembro- me detalhadamente deste projeto que criei à partir de apenas uma ideia, assim logo que visualizada em minha mente desenvolvi o rascunho idealizei o projeto e subsequentemente fabricando com minhas próprias mãos com toda precisão de um artista, sendo que, depois de pronto e perfeitamente funcionando, nasce um sentimento de gratificação como recompensa de trazer a existência algo que apenas existia em minha mente.

Sim, é magnifico, eu diria que é na verdade sensacional, como o cérebro humano consegue se lembrar do passado e imaginar o futuro. Conseguimos nos projetar em situações que não conhecíamos. É uma das características mais marcantes da nossa espécie.

Neste momento ao fechar meus olhos, consigo imaginar, onde quero estar daqui a um ano, por exemplo. Posso imaginar em detalhes projetando diversas situações de um lugar que não conheço ainda, ou melhor, apenas observando alguns registros fotográficos. Logo estou fazendo uma simulação virtual futurista, mesmo ainda estando aqui no presente, e este estado mental onde o fluxo das formas acontece: emocionais, análises, sínteses, imaginações, pensamentos, memórias e vibrações.

Esta capacidade de conseguirmos nos imaginar neste ato da visualização, realizando algo ou fazendo atividades prazerosas com outras pessoas em lugares magníficos no futuro é sensacional e ao mesmo tempo surreal, o que também chamado de sonho. Ouse sonhar e se acostume a sonhar alto, pois o poder da visualização mental é simplesmente impressionante, fabuloso e estupendo.

O mais importante no desenvolvimento humano não acontece de uma forma imediata, como ligar ou desligar um aparelho eletrônico. Aguem poderia dizer: um mundo interior elevado e significativo se cria em um instante. Entretanto acredito que é necessário aceitar e construir estes avanços. Mas acima de tudo por meio das conexões emocionais que fazemos.

Nos ampliando nossa visão de mundo, nossa visão sobre nós mesmos, nossa visão de realidades a nossa volta e que muitas vezes fechamos nossos olhos, não percebendo a necessidade urgente de fazermos parte de uma missão como parte de um todo.

Na verdade, não imaginamos que temos algo especial para valorizar e compartilhar que pode mudar e revolucionar nosso caminho e de outros ao nosso redor, ou que o destino nos unirá no futuro.

O VERDADEIRO OLHAR PARA NOSSAS DEFICIÊNCIAS

Confesso que tenho tido a incrível oportunidade de conhecer e estabelecer laços profundos, tanto pessoais quanto profissionais, com indivíduos admiráveis. Essas pessoas extraordinárias, verdadeiros seres inspiradores, têm de forma única revelado e compartilhado preciosas riquezas internas que enriqueceram profundamente minha jornada pessoal.

Em um jantar de empreendedores o doutor que estava palestrando naquela ocasião sobre o que o levou a ter uma vida muito bem-sucedida.

Mencionou que há dois dias havia realizado o funeral de seu filho de 16 anos e contou que este filho havia nascido com doença congênita, uma síndrome rara e por eles serem pais de primeira viagem aquilo foi avassalador em suas vidas, citando que o modo como a sociedade encara a deficiência mental quando receberam o diagnóstico é cruel e desumano, fazendo-os se sentirem desamparados.

Assim se iniciou um ciclo de aflição, desde o impacto inicial, disse ele: passando pela rejeição ou falta de aceitação, a responsabilidade e a desilusão. Foi nesse momento que a saúde física, mental e social foi gravemente afetada, requerendo uma reestruturação familiar para atender às necessidades únicas da criança.

Eu estava sentado bem na frente do doutor palestrante, que narrava essa sua experiência de vida. E foi dentro deste contexto que aquele pai proferiu: "Aprendemos com essa vivencia... pois 'aquele anjo' nos ensinou a amá- lo de uma forma incondicional e mesmo sem nunca ouvir a frase 'pai eu te amo' entendíamos o amor sendo transmitido sem palavras!".

A vivência do amor ocorre quando uma pessoa se conecta emocionalmente com outra, gerando o desejo de compartilhar momentos, celebrar suas alegrias e apoiar-se em seus momentos difíceis (BISQUERRA, 2003). É fundamental reconhecer a importância dos pais desenvolverem sua inteligência emocional, adotando uma abordagem de regulação emocional e redefinindo a concepção de felicidade. Dessa forma, os pais são capacitados a transformar emoções negativas em positivas, descobrindo dentro de si habilidades que lhes permitem criar momentos de felicidade. Ao invés de concentrarem-se exclusivamente nas preocupações futuras da criança, eles direcionam seu foco para a jornada de vida presente do filho.

Um quebrantamento me atingiu e senti a necessidade de visitar e conviver com diversas famílias que enfrentam situações semelhantes e descrever neste capítulo com o coração.

Um dos "olhares amiudados" em nossa sociedade é aquele que busca por um padrão. Como tem sido seu olhar sobre as pessoas?

Algumas vezes ao nosso lado ou até mesmo dentro de nosso círculo de convívio, existe um ser humano que nasceu com um corpo disfuncional que apresenta alguma limitação física, ou psíquica, ou adquirida por algum acidente, quem sabe até mesmo por uma doença, lamentavelmente acaba por não se enquadrar mais na "sociedade cega" ou limitada por um tipo de olhar preso a padrões.

Se faz necessário o debate contínuo sobre a inclusão em vários aspectos educacionais e sociais, compreendendo que se é direitos de todos no convívio em sociedade independente de sua classe, raça, religião ou dificuldade por necessidades especiais, mas é inevitável perceber que na sociedade em geral, o desrespeito é notado cotidianamente, bem como falta as leis de benefício as Pessoas com Necessidades Especiais. Na verdade a sociedade não conhece a verdadeira forma de expressar amor, como as famílias aprendem no dia a dia de convivência e sensibilidade.

Aproveitando neste momento para dedicar este capítulo a todas as famílias e pessoas que incansavelmente, aprenderam a dedicar suas vidas por uma causa tão nobre.

Em outro momento visitamos uma família em que o casal possui um dos filhos, com deficiência Intelectual Leve e síndrome do espectro autista, enquanto que o outro nasceu com síndrome de Pierre Robin, defeito de desenvolvimento caracterizado por três malformações: "mandíbula pouco desenvolvidas" (micrognatia), "língua deslocada para trás (glossoptose) o que era um problema sério com o "céu da boca aberto", respirando por oxigênio nos primeiros três meses.

Durante o período de quatro meses a família apresentou muita fé para o tratamento, onde estiveram instalados no Hospital da Criança em que os médicos davam o seu melhor nos cuidados necessários. E durante o relato me brotou no coração uma dúvida silenciosa, mas sem necessidade de ser respondida literalmente mas perguntava para mim mesmo: quantos amigos e parentes teriam demonstrado apoio visitando-os durante aqueles quatro meses que necessitaram de muita resiliência, nas dependências daquele hospital? Durante este tempo existe uma negligência muito grande de não querer ver, se importar ou se envolver diretamente.

Passadas algumas cirurgias, hoje o menino tem 6 anos e quando perguntamos qual a expressão de amor que eles representam, tanto a mãe como o pai responderam unanimemente: Ouvir com o olhar e ver sem olhar!

Pessoas que tem este tipo de experiência se tornam muito mais sensíveis a percepção de detalhes.

Fomos convidados a retornar naquele lar novamente e passar um dia com a família, então me pego diante dessa família que me surpreende a cada instante e perguntei para aquela mãe: você sente que fez tudo o que poderia e deveria fazer?

Ela nos expõe então, sem conseguir conter a emoção e as lágrimas, que depois de participar de terapia com psicólogo mudou completamente sua visão em como abordar seu filho, como lidar com diversas situações com muito mais paciência e carinho.

E o pai emenda: costumamos em todo o tempo, tentar imaginar o que ouvimos quando não estamos vendo. Já observou que você consegue saber através da visualização mental apenas, o que está acontecendo longe previamente através de sons que chegam pelos ouvidos sem estar olhando?

Logo aquele pai com um olhar simples e sincero, contudo muito sábio, aguardou alguns segundos para que pudéssemos processar sua meditação e respondeu:

-Nossos outros sentidos como: olfato, gustação e tato são estimulados por outros meios que precisamos praticar através da sensibilidade. Nossos filhos nos ensinam a desenvolver todos estes sentidos mais aguçados praticando em todo o tempo e todos os dias.

O nosso "olhar para o mundo" é influenciado pelas nossas experiências e estas são afetadas pelas sensações que nossos sentidos captam.

Ao longo da história, desde tempos remotos até os dias atuais, as pessoas com algum tipo de dificuldade têm sido alvo de tratamentos desumanos, submetidas a políticas de exclusão social, onde a sociedade negava sua existência e, por vezes, as perseguia. Contudo, nos dias de hoje, há um movimento em busca da inclusão e igualdade de oportunidades para todas as pessoas, exigindo que a sociedade se mobilize para criar os apoios e recursos necessários para alcançar esse objetivo.

Infelizmente, apesar dos avanços, ainda persiste um estigma associado à deficiência, resultado de preconceitos, valores, crenças e expectativas sociais arraigadas, que perpetuam a visão de fragilidade.

Devido à falta de conhecimento generalizado, é comum que a deficiência seja erroneamente associada a uma condição crônica, ou a um fardo. Esse estigma é extremamente prejudicial, pois diminui e subestima as pessoas com deficiência, privando-as de seus direitos e relegando-as a um papel secundário na sociedade.

Evidentemente que superar esse estigma demanda um esforço coletivo e uma ampliação de consciência, a fim de reconhecer essas verdades para que venham se tornar uma prioridade inegociável.

É fundamental promover uma mudança de perspectiva e valorizar a inclusão plena e o respeito à diversidade em todas as esferas da sociedade.

Este assunto é um tanto complexo, extenso e com inúmeras camadas de responsabilidades e designações de responsabilidades para serem transferidas e designadas na hora da tomada de soluções dos problemas instalados, sendo o primeiro responsável a ser chamado para mudança de leis sobre o amparo ao deficiente físico, órgãos nacionais responsáveis por acolher e amparar todas as necessidades pertinentes a cada lacuna, em segundo lugar o departamento de educação que poderia avaliar o aluno, sua deficiência e seu grau de acometimento para então encaminha-lo para a escola que terá maior capacidade para recebe-lo (especializada para portadores de deficientes, adaptada para estes ou escolas padrões) oferecendo o melhor conteúdo para cada aluno e ensinando os alunos a se adaptarem ao novo e ensinando o portador de deficiência a conviver com o mundo lá fora, estando apto para se tornar um adulto produtor de sua vida.

Muitas vezes vemos pais que negam a deficiência dos seus filhos e optam por colocá- los em uma escola normal na intenção de que ele se enquadre ao mundo a sua volta, sendo que se ele deixasse a criança frequentar uma escola especial focada para suas necessidades talvez seu desenvolvimento fosse maior.

Uma vez conheci um deficiente visual que perdeu sua visão aos 8 anos de idade e ele frequentava uma escola especializada em deficientes visuais, ele era um aluno que gostava de estudar e aprender, ao mudar-se de cidade foi matriculado em uma escola estadual e ele relata que seu desempenho caiu drasticamente pois ele tinha vergonha dos seus colegas, não se sentia à vontade sabendo que ele era o único diferente na sala e pensava que os outros poderiam estar rindo ou falando dele, acabou que desistiu de estudar. Veja a importância da verdadeira inclusão, saber o que o aluno quer, o que ele precisa e onde será melhor para ele.

Muitas pessoas não estão prontas para trabalhar com o que vê ser diferente uma vez que falta autoconhecimento, amor a si e consequentemente amor ao próximo. A inteligência emocional escolar tem sido inserida vagarosamente nas escolas e aos poucos vamos vendo a mudança acontecer aos passos de formiga. As crianças que possuem esse tipo de ensinamento apresentam um amadurecimento psicológico e emocional desde os primeiros anos escolares e seu aprendizado é o suficiente para ensinar a família, amigos e vizinhos o princípio do amor e respeito, criando uma corrente do bem.

Em busca de uma sociedade inclusiva, é essencial lembrar que todas as pessoas, independentemente de suas dificuldades, merecem ter suas necessidades especiais atendidas. A verdadeira democracia se manifesta no acolhimento das diversidades.

Diante deste desafio, como podemos contribuir?

Uma das primeiras ações que podemos realizar é promover uma mudança de mentalidade na sociedade por meio de um constante trabalho de sensibilização. Nesse sentido, grupos e instituições que já estejam engajados na inclusão de pessoas com necessidades especiais têm um papel fundamental em conscientizar e inspirar outros.

Precisamos entender que cada um de nós é responsável por promover a inclusão social, e, dessa forma, cada indivíduo tem o poder de fazer a diferença. Muitas vezes, nos distanciamos das pessoas devido às diferenças que percebemos, buscando conexão apenas com aqueles que compartilham nossa forma de pensar, falar, vestir-se e agir. No entanto, é importante refletir sobre essa atitude e nos questionar:

Será que estamos enxergando o mundo apenas através das limitações impostas por nossa própria vivência? Em vez de sermos influenciados pelas comparações transmitidas nas redes sociais, é necessário voltar nosso olhar para dentro de nós mesmos.

Poderíamos colocar o dedo na consciência e nos perguntar: eu estou fazendo alguma coisa para contribuir com o meu próximo?

Em vez de olharmos através das lentes de mídias sociais, precisamos substituir nossas lentes naturais. Precisamos olhar além das limitações físicas ou cognitivas e enxergar a riqueza, capacidades e potencial das pessoas com deficiência.

Portanto, que possamos ser agentes de transformação, inspirando outros a enxergarem além das diferenças superficiais e cultivarem uma visão que abraça a igualdade, a empatia e o respeito mútuo. Juntos, podemos construir uma sociedade inclusiva, onde todos tenham a oportunidade de brilhar e contribuir para um mundo mais humano e compassivo.

Amar e consequentemente se importar com o meu próximo, significa verdadeiramente não esperar nada em troca de meus esforços. Entendo que preciso trocar constantemente minhas lentes espirituais para entender qual minha missão e responsabilidades que preciso exercer para influenciar positivamente pessoas a minha volta.

Precisamos lutar constantemente contra este inimigo invisível que se aloja dentro de nós, o orgulho, pois quando buscamos satisfação em nós mesmos, nos afastamos de Deus.

Lemos no livro devocional Café Com Deus Pai, de nosso Pastor Junior Rostirola "O Orgulho gera engano e torna as pessoas Cegas, mas a humildade Abre os nossos Olhos e amplia nossa visão".

É importante mencionar também, de maneira muito pertinente, a reflexão de Albert Einstein. "Se um dia tiver que escolher entre o mundo e o amor lembre-se: se escolher o mundo ficará sem o amor, mas se escolher o amor com ele você conquistará o mundo".

Cito neste momento um lindo poema de um escritor aqui de minha região Sul do país, Mario Quintana, que aborda o tema das deficiências:

"Deficiente" é quem não consegue encontrar força para transformar sua própria vida, subjugado por pressões externas, sem perceber o poder que tem de moldar seu destino. "Louco" é quem deixa de buscar a felicidade com o que possui. "Cego" é quem não enxerga o sofrimento alheio, focando apenas em suas próprias preocupações. "Surdo" é quem não ouve o clamor de um amigo ou irmão, sempre ocupado com afazeres e responsabilidades. "Mudo" é quem não consegue expressar seus sentimentos verdadeiros, escondendo-se atrás de uma fachada. "Paralítico" é quem não se move em direção àqueles que precisam de ajuda. "Diabético" é quem não consegue praticar a gentileza e o amor. "Anão" é quem não deixa o amor crescer. "Miserável" é aquele que não consegue estabelecer uma conexão com Deus. A verdadeira amizade é um amor que nunca se esgota. A amizade é um amor que nunca se extingue.

Com base no poema de Mario Quintana, podemos concluir que a superação das deficiências que nos limitam começa com a transformação interna. Ao reconhecermos nosso poder de moldar o próprio destino, buscarmos a felicidade com o que temos e cultivarmos a empatia, a generosidade e a conexão com o próximo, podemos criar um mundo melhor e mais inclusivo para todos. Que estas reflexões inspirem ações que contribuam para uma sociedade mais compassiva, onde as diferenças sejam valorizadas e o amor incondicional prevaleça.

CAPÍTULO 12
SEGREDOS DO CONTATO VISUAL

Quando estamos conversando com alguém, o contato visual é um dos elementos mais importantes da comunicação. Como já mencionado anteriormente olhar nos olhos da outra pessoa transmite seriedade e interesse no diálogo.

Aliás é muito importante sempre fixar o olhar nos olhos da pessoa com quem conversamos, mostrando assim todo seu comprometimento com a conversa. Por mais que o olhar seja importante em uma conversa, é difícil manter o olho no olho por muito tempo. Por um lado, porque pode "ficar estranho" ficar encarando ininterruptamente a pessoa com quem estamos conversando por muito tempo e por outro lado olhar fixamente olho no olho também para muitos gera desconforto. Sendo assim existem algumas técnicas que foram descobertas ou desenvolvidas já há bastante tempo para evitar isso, desvie o olhar lentamente usando a técnica do triângulo, ou seja, imagine um triângulo invertido conectando os olhos e a boca da pessoa, fixe o olhar no ponto entre os olhos ou um pouco acima dos olhos.

Porém este assunto se torna totalmente sem sentido quando lembramos que em algumas culturas, no entanto, o contato visual direto é considerado rude, paquera ou confronto.

Mas voltando para nossa realidade e toda a curiosidade que envolve este assunto, quando olhamos outra pessoa profundamente nos olhos, não são apenas as pupilas que mandam uma mensagem. Outra pesquisa recente sugere que podemos ler emoções complexas dos músculos dos olhos, isto é, se uma pessoa está fechando ou abrindo bem os olhos. Segundo muitos pesquisadores durante décadas olhar no olho de outra pessoa implica em uma série de processos cerebrais.

Por outro lado, segundo algumas pesquisas que realizei, inclusive existem vários livros sobre o assunto, os animais também são sensíveis aos olhares dos humanos. Se estão bravos, interpretam o olhar fixo como uma postura de desafio e desviar o olhar é uma maneira de reduzir a possibilidade de que ataquem.

Por conseguinte, esses segredos do contato visual como vimos até aqui são um mundo de possibilidades que ainda estão em pesquisas e desenvolvimento, sendo esta uma maneira de nos comunicarmos que diz muito sobre nós mesmos e que vale a pena levar em conta.

PODER DO OLHAR

O que é "poder" pra você?

Poder é uma palavra que tem origem do latim "potere" que significa a capacidade de fazer algo. Quando lemos ou escutamos essa palavra é comum associar "poder" a domínio ou força, mas vai além disso, você se sente mais confiante depois de aprender a dirigir e praticar muito consequentemente e nos sentimos mais confiantes para tomar decisões de investimento depois que estudamos muitas estratégias, após algumas análises erramos algumas vezes, acertamos muitas outras. Então passamos a controlar a emoção e aprendemos com os erros, consequentemente passamos a ter tanta confiança de forma a fazer escolhas e usar estratégias bem mais assertivas.

Nos sentimos confiantes para falar em outro idioma depois que passamos meses estudando e conseguimos formular frases de perguntas como também responder subsequentemente a perguntas com muito mais rapidez.

Tenho certeza de que você já passou por alguma experiência parecida e a sensação de deter um conhecimento é sempre a mesma, nos sentimos como se tivéssemos ganho um superpoder.

Quero fazer uma pequena comparação com o exercício do olhar que recentemente tivemos a oportunidade de praticar durante esta pandemia global em que fomos obrigados a usar máscaras, não conseguindo assim perceber as expressões faciais das pessoas a nossa frente, podendo apenas perceber o sorriso dos olhos e é verdadeiramente maravilhoso sorrir com os olhos pois a energia que emanamos é aquela que receberemos de volta.

O olhar é uma das características mais lindas do ser humano, portanto, nada melhor do que demostrar no olhar a positividade e otimismo que emana do profundo de seu coração.

Nestes dias temos a convicção de que nossos olhos têm sido a maior forma de conexão como também são nosso cartão postal. Então preste atenção ao que seus olhos estão dizendo, pois nestes dias hodiernos mais do que nunca os "olhos são nossa maior forma de expressão para o mundo", a alegria, a dor, a felicidade, o espanto, o otimismo, a vergonha, a compaixão, enfim, todos os sentimentos e estados emocionais estão lá no nosso olhar.

Durante décadas psicólogos e neurocientistas afirmam que o olhar nos torna conscientes da ação de outra pessoa, gerando importantes conexões.

Somente quem já sentiu um olhar de puro amor, de compaixão e acolhimento pode afirmar que é impossível descrever em palavras a energia sentida naquele instante que nos acolhe, que familiariza, traz pra perto e que abraça. Podemos concluir então que está em nosso olhar o maior poder de expressão.

Falei até aqui sobre estes assuntos de bastante complexidade como também que instiga nossa curiosidade, porém preciso enfatizar que o "Poder do Olhar" apontado como tema deste capítulo não se trata de nosso olhar, mas do Poder do olhar do Mestre dos mestres. Ao contrário do que muitos pensam, Jesus não fica nos olhando para encontrar defeitos ou ver coisas erradas que fazemos.

Estudiosos afirmam que grande parte dos relatos que falam sobre o Olhar de Jesus, citados no livro de Marcos foram dadas exclusivamente por Pedro que conhecia muito bem o Poder do Olhar do Mestre, *"Então chegaram a mãe e os irmãos de Jesus. Ficando do lado de fora, mandaram alguém chamá-lo. Havia muita gente assentada ao seu redor; e lhe disseram: "Tua mãe e teus irmãos estão lá fora e te procuram. <u>Jesus olhou para aquelas pessoas</u> e os acolheu lhes chamando de "meus irmãos e minha mãe".*

Como é maravilhoso saber que todos que fazem a vontade de Deus são considerados seus familiares íntimos – Marcos 31 ao 35.

Te convido a analisar a negação de Pedro na encruzilhada de uma leitura refinada da Sagrada Escritura evidentemente não quero trazer um estudo aprofundado aqui, mas vamos usar de uma exegese teológica audaciosa, do momento em que Jesus fala sobre como seria sua morte e ressurreição:

Pedro não nega Jesus por livre vontade sendo que, Jesus decide a negação de Pedro no Monte das Oliveiras. O acontecimento possui todas as propriedades de milagre, torna-se sinal imediato de que as revelações feitas por Jesus se cumprem. Assim sendo, deve ser tratado como último sinal de Jesus sobre a efetividade de suas revelações.

Pedro declarou: *"Ainda que todos te abandonem, eu não te abandonarei!"* "Mas Pedro insistia ainda mais, *"mesmo que seja preciso que eu morra contigo, nunca te negarei"* (Marcos 14. 27 ao 31).

Voltamos a lembrar o momento da traição de Judas e a consequente prisão de Jesus, onde Pedro com muita coragem que tinha avança contra um exército inteiro de soldados romanos e se Jesus não olhasse pra ele, mandando-o meter na bainha sua espada ao cortar a orelha do servo do Sumo-Sacerdote Malco, teria transformado aquele local em uma guerra sangrenta.

O fato que alguns discípulos carregassem armas demonstrava uma tendência existente em Israel no tempo de Jesus, que encontrava alguns seguidores também entre os primeiros discípulos: a esperança em um Messias que realizasse a batalha final contra os inimigos. E de todos os quatro evangelhos, Lucas, o médico, cita que Jesus tocou e curou a orelha cortada daquele homem chamado Malco.

Imagine aquele momento tenso em que o Mestre se abaixando junto a ele no chão, olhando nos olhos daquele homem em completo desespero todo ensanguentado, pegando sua orelha coloca a mão no seu rosto e o cura imediatamente. O Mestre na voz de comando disse a Pedro: – *"aquele que vive pela espada morre pela espada"* esta foi uma mensagem revelada para os apóstolos, indicando que a verdadeira batalha a ser combatida: não é aquela tradicional, contra exércitos ou outros poderes terrenos, mas aquela contra o mal, contra o "poder oculto".

Contudo, que acontecia então com Pedro nesta mesma noite diante da voz de apenas uma mulher que o fizeste tremer e negar?

O último lugar onde alguém sonharia que Pedro estivesse seria o pátio da casa do Sumo-Sacerdote e é ali mesmo para onde se dirige.

A negação de Pedro não é mero fracasso humano, de um temperamento volúvel desde a mais incondicional afirmação de fidelidade até a morte, a mais vergonhosa traição, não é apenas uma cena humanamente trágica e comovedora, mas a expressão da verdade e do desafio da fé.

Aquele que fora elevado o mais alto de todos, Pedro, cai o mais fundo. Destinado a ser a rocha fundamental do novo edifício do Messias porta-se como chão de areia movediça em que nada se sustém. Aquele que por revelação divina professara a Jesus como Messias nega agora até conhecê-lo como homem. Que significa essa contradição difícil de compreender? Ele é rochedo, sim, mas sobre uma base que nenhum outro pode lançar a não ser Jesus. É sobre esse fundamento que será edificada a nova comunidade e nela também Pedro (TRILLING, 1894).

A seguir, te convido a refletir sobre a importância da negação de Pedro como Milagre de Jesus a partir do princípio de que sua veracidade é incontestável pelo fato de se sobrepor qualitativamente à traição de Judas de que tem por paralelo imediato, por sua ligação direta com a Ressurreição de Jesus, no contexto bíblico, pastoral ou da fé, compreender Pedro como símbolo da natureza humana.

O fato de a negação de Pedro parte do testemunho unânime dos quatro Evangelhos também conhecidos por Sinópticos sendo que cada um é sempre portador de um detalhe que ajuda, não só a conferir a historicidade, mas, também, a estar mais perto da estrutura interna e externa do acontecimento.

Jesus declara o seguinte: *"Em verdade te digo que hoje, esta noite, antes que o galo cante duas vezes, três vezes me negarás!" Mateus 14. 30.*

Depois do anúncio da negação Jesus vai com os discípulos para o Getsêmani, local do vale de Cédron ao pé do Monte das Oliveiras -Mateus 26. 36. Deste modo, começa a catalogação dos acontecimentos que antecedem a negação de Pedro.

Jesus em oração chorou e dos 7 lugares que derrama sangue, ali no jardim foi o primeiro, onde suou gotas de sangue quebrando a maldição da desobediência e da rebeldia do jardim do Éden.

Assim também toda e qualquer maldição será quebrada em sua vida, se creres.

Os discípulos não resistem, dormem e Jesus procura repreendê-los de diversos formas, num dos quais se dirige a Pedro, dizendo:

– Como assim? Não fostes capazes de vigiar comigo por uma hora! Mateus 26. 40-41.

Jesus é preso e levado ao Tribunal Judaico (Mateus 26. 57-68), às vezes também chamado Conselho Superior, sendo seus juízes Caifás, os escribas e os anciãos.

No curso destes acontecimentos, chega aquele momento em que Pedro estava sentado fora, no pátio. Aproximou-se dele uma criada, dizendo: "Também tu estavas com Jesus, o Galileu!" Ele, porém, negou diante de todos, dizendo: "Não sei o que dizes". Saindo para o pórtico, outra viu-o e disse aos que ali estavam: "Ele estava com Jesus". De novo ele negou, jurando que não conhecia o homem. Pouco depois, os que lá estavam disseram a Pedro: "De fato, também tu és um deles; pois o teu dialeto te denuncia". Então ele começou a praguejar e a jurar, dizendo:

– Não conheço este homem!

E imediatamente um galo cantou. Então Pedro se lembrou da palavra que Jesus dissera: "Antes que o galo cante, três vezes me negarás". Saindo dali, chorou amargamente Mateus 26. 69-75.

Jesus então é transferido para o Tribunal Romano presidido por Pilatos. Com o olhar de Cristo, o apóstolo Pedro sentiu um profundo arrependimento e se pôs a chorar convulsivamente. Da mesma forma Judas, o traidor, ao ver que Jesus fora condenado, ficou arrependido e foi devolver as trinta moedas de prata dizendo: "Pequei, entregando à morte um inocente". Eles responderam: "Que temos nós com isso? O problema é teu". E ele jogou as moedas no Santuário, saiu e foi se enforcar (Mateus 27. 3).

Essa é a diferença de um homem que não foi olhado por Jesus.

Pedro ao negar o Senhor teve a graça de ser olhado por Jesus, Judas não. Após seu erro, este [Judas] se escondeu, não procurou por Jesus. Ele se arrependeu, ficou tomado pelo remorso, mas isso não foi o suficiente. Ele, que havia se preparado junto com os apóstolos, não teve o olhar de Jesus.

Agora importa sublinhar um ou outro detalhe que se específica, observamos o seguinte detalhe: Judas quer trair Jesus e assim o faz. Pedro não quer negar jamais a Jesus e nega. Judas quer trair Jesus por livre e espontânea vontade e, por isso mesmo, depois deste crime suicida-se. Pedro vê-se a negar Jesus no Sinédrio por cumprimento das Palavras de Jesus

"Eu gostaria de olhar para você com o olhar de Deus para que você sentisse o Seu amor."

2 Crônicas 16. 9 – diz que o olhar do Senhor não é de acusação, mas de bondade e misericórdia!

É necessário permitimos que Ele olhe dentro dos nossos olhos. Quem sabe você esteja passando um momento delicado em sua vida, então, este é o momento de você olhar para Cristo. Como aprendemos nessa mensagem, o olhar do Senhor é tudo o que precisamos!

Então, sejam quais forem as circunstâncias, lembre-se: os olhos do Senhor estão sobre você e Ele não quer te condenar. Ele quer te salvar, e por isso Jesus morreu na cruz pelos seus pecados, para que hoje fosse perdoado e livre de toda prisão espiritual.

O canto do galo serve de indicação de tempo, porém, de acordo com Hendriksen que cito agora: a menção do canto do galo refere-se não apenas ao tempo, mas também ao canto em si o qual marca o tempo.

De fato, Pedro ouve esse canto num modo de o levar ao arrependimento. Para ele a referência ao canto do galo fica bem registrada. Quando o momento chega essa memória armazenada subitamente destrava a corda do sino da consciência de Pedro (HENDRIKSEN, 2004, pp. 638-641).

Já na terceira vez da negação, *"imediatamente, enquanto ele ainda falava, um galo cantou, e o Senhor, voltando-se, fixou o olhar em Pedro, então lembrou-se da palavra que o Senhor lhe dissera: Antes que o galo cante hoje, tu me negarás três vezes. E saindo para fora, chorou amargamente"* (Lucas 22. 60-62).

Cada livro bíblico, cada capítulo, cada versículo não descuida o fato de Deus Pai que se revela ao homem para o convidar a partilhar uma vida em comum de Deus com o homem e do homem com Deus.

Quando estes livros (evangelhos) que foram escritos em grego, falam de Milagres de Jesus usam a palavra dynamis (poder), mas geralmente no plural dynameis (atos cheios de poder, ações poderosas) o elemento prodigioso está indicado com a expressão semeia kai terata (sinais e prodígios/ maravilhas) o termo fundamental dos Sinópticos para os atos de Jesus.

Os milagres são possíveis porque Deus por Ser Infinito possui poder e motivos suficientes para modificar o curso normal das leis da natureza (GRASSO, 1967).

Os seus discípulos entendiam pouco ou aparentemente nada dos avisos de Jesus sobre sua Ressurreição que aconteceu literalmente conforme Ele anunciara.

As três mulheres vão visitar o túmulo de Jesus no terceiro dia e ungir o seu corpo e encontram o túmulo vazio e um anjo com veste branca que manda um recado especificamente a Pedro, observe o texto de Marcos 16. 7- *Agora ide, dizei aos discípulos e a "Pedro" que Ele está seguindo adiante de vós para a Galiléia. Lá vós o vereis, assim como Ele vos predisse.*

O Mestre sabia que Pedro estava quebrado, envergonhado, humilhado e a culpa corroendo dia a dia o seu coração, da mesma forma que Pedro se sentia, algumas pessoas nos dias de hoje também se sentem pois como o Grande Rei Davi expressou em uma de suas orações em forma de salmos com a seguinte mensagem: *"Culpa do passado e medo do Futuro".*

A culpa nos paralisa e sentimos isso quando temos a percepção de que temos a responsabilidade por um resultado negativo.

Jamais subestime o poder das palavras, seja para evitar a culpa ou para conquistar algo importante, a linguagem é a ferramenta mais complexa que temos e que configura o mundo interior de cada pessoa, então vamos usá-la de forma justa e com muita compaixão.

Entendo que o ato da negação de Pedro trata-se de um fato cujo fim é um milagre porque ele chora ao negar pela última vez em sinal de sua conversão e tantas falhas fizeram-no ser o mais humilde de todos, também sentado no chão em frente à refeição preparada pelo Mestre, olha ao seu lado e, com espanto e tremor, vê que era o mestre. Então, desvia o olhar dEle e fica assim, embaraçado, imaginando o que o mestre lhe falaria. Acredito que pensou e sentiu em seu coração: "meu Deus, quanta bronca mais do que justa ouvirei agora, admoestação condigna!" Agora ele vai me dizer: Por que você me traiu? Mas sua vida toda, apesar da familiaridade com o Mestre, teria sido bastante atribulada, devido seu caráter impetuoso, da sua imponência instintiva, do seu agir sem calcular as consequências. Acredito que da mesma forma como agimos muitas vezes, ele via tudo de si mesmo à luz de todos seus defeitos. Aquela traição fez emergir nele, de uma forma visivelmente desconfortante, como um espelho de lembranças dos seus erros, pensando talvez que não valia nada. Imagino seus olhos se movendo em todas as direções sem encontrar um ponto para fixar. Então ouviu a voz do mestre: "Simão..." – imaginem o susto, enquanto aquela palavra reverberava lentamente no seu ouvido, tocando o seu coração – o Mestre dos mestres chama-o pelo seu nome verdadeiro de quando o havia conhecido, "Simão..." – então naquele momento ele teria voltado o rosto para Jesus, quando olhou nos seus olhos bem abertos, pupilas dilatadas e fixos nos seus sem piscar ouviu a frase: tu me amas?". Então foi um efeito surpresa que jamais esperava aquela pergunta.

Pedro, tão imaturo diante do mistério daquele amigo, imaginemos tudo que Pedro deve ter sentido com "O Poder do Olhar" do mestre que o conhecia em cada detalhe.

"Chamar-te-ás Cefas" – João 1. 42.

Seu caráter identificava-se com aquela palavra, "pedra", e a última coisa que poderia imaginar era o que o mistério de Deus revelava para ele e por três vezes o Mestre faz a mesma pergunta:

"Simão, tu me amas?"

"Sim, Senhor, eu Te amo."

Como podia dizer isso depois de tudo o que havia feito? Aquele "sim" era a afirmação do reconhecimento de uma excelência suprema, de uma simpatia que atraía pra si a todos. Tudo se revelava no Poder daquele Olhar!

Dos verbos buscados por Jesus na lista do dicionário grego, agápe João 21. 15 e 16. Aqui está: agápe (em grego "αγάπη", transliterado para o latim "agape") e no (v. 17) Philia- (φιλία philía/filia): "amizade".

Pedro tem um amor de irmão e de amigos, enquanto Jesus tem um amor gratuito por todos os seres. Já no versículo 17, tanto a pergunta de Jesus como a resposta de Pedro trazem os mesmos verbos ágape (Jesus) e Philia (de Pedro).

Evidentemente, o amor de Deus é sempre maior, pois, ele é o absoluto e o infinito e o amor humano é menor e fraco, pois ele é o relativo, o ser humano é um ser finito. Finitamente Pedro terá amizade por Jesus com amor humano, com a limitação que lhe é própria, de ser humano. Infinitamente Jesus amará Pedro com amor divino.

Luther King certa vez disse que, quando Cristo falou de amar os inimigos, estava referindo-se à Ágape, porque, segundo ele, era "impossível gostar de nossos inimigos, daqueles que nos fazem mal, e que tentam amesquinhar mais o nosso sofrido dia a dia".

Mas Ágape é muito mais que gostar, é um sentimento que invade tudo, que preenche todas as frestas e faz com que qualquer tentativa de agressão se torne pó.

Portanto cultive em todo o tempo o Amor...

Se as emoções são capazes de transformar a nossa realidade, existe algo que devemos considerar que a emoção não é só um estado interior, é uma combinação de vários elementos poderosos, de cognições. Sendo o modo como processamos tudo o que nos rodeia, o que vemos, sentimos e experimentamos e a forma como reagimos, tudo adquire um significado interior para nós.

Deus nos dotou de capacidades e desejo de sermos felizes criando sinapses e aumentando conexões dentro do cérebro e para isto, é necessário nos lembrar que às vezes basta ter paz interior, estar livre de culpa do passado e do medo ou frustrações.

Uma mente limpa e olhos sadios, é um coração que pode se permitir amar, sorrir e ser amado.

CAPÍTULO 13
PISCAR DE OLHOS

Você já parou para pensar na complexidade por trás do simples ato de piscar os olhos? Seus olhos são a porta de entrada para o mundo ao seu redor, mas o que acontece quando um componente do sistema de visão falha? Neste capítulo, vamos explorar a visão dupla e como essas condições podem afetar não apenas a visão física, mas também a visão espiritual. Descubra como a falta de visão pode levar ao caos em sua vida e aprenda a desenvolver um "olho bom" para interpretar o mundo de forma positiva. E assim, abrir seus olhos e enxergar além das aparências.

Nossos sentidos são essenciais para interação com as pessoas e através de nossos olhos podemos enxergar tudo que está à nossa volta graças a luz que entra pela córnea – membrana transparente, localizada na frente da Íris – responsável por formar a imagem na retina.

Falamos no capítulo três, quem enxerga não é o olho, mas o cérebro que forma as imagens e determina relações com a memória, permitindo a identificação do objeto. Abrir os olhos e focalizar uma imagem parece ser algo tão natural que não percebemos toda sua complexidade, mas, quando um dos componentes deste sistema apresenta algum tipo de problema pode ocorrer a diplopia ou visão dupla.

A visão dupla é a condição em que uma pessoa enxerga duas imagens de um único objeto. Pasmem, mas em geral, cada olho produz uma imagem dos objetos, porém o cérebro as une e as vê como se fossem uma só, mas no caso da visão dupla o processo não acontece desta forma, ao contrário, o cérebro não consegue reunir as imagens e as vê como duplas.

Em alguns casos esse distúrbio é relativamente leve e em outros é extremamente necessário procurar um oftalmologista urgente.

Dentre tantas doenças na visão existe o glaucoma, que é uma doença diferente, no começo a perda é sutil e pode não ser percebida. Segundo o especialista que me orientou nessa fase do livro, frequentemente não se nota a perda de visão até vivenciar a "visão tubular", ou seja, apenas a visão central. Sendo que passa a tropeçar e esbarrar em objetos porque a percepção periférica diminui. Ele continua argumentando que o angulo de visão é muito estreito e só vê o que está bem na frente, não enxergando o que está mais ao lado.

Criando uma analogia ou comparação entre a incredulidade o glaucoma e como eles afetam a percepção espiritual de uma pessoa na sua comunhão com Deus, logo se enxerga somente o que está bem diante de si e nada mais que problemas.

Já falamos em capítulos anteriores que o medo, a ansiedade e a culpa, limitam a visão, perdendo a percepção mais ampla de si e da vida sendo assim necessário buscar socorro espiritual.

Existem elementos espirituais práticos da fé como a prática de boas ações, a sobriedade e a persistência.

"Onde não há visão, o povo se corrompe" Provérbios 29.18.

Isso pode ser traduzido da seguinte forma: "Onde não há visão, ou revelação, o povo fica sem rumo: desgovernado, desconcertado, desajeitado, enfim, impera-se uma desordem total.

A Palavra de Deus, quando aceita tem o poder para transformar os povos, porém sendo desprezada, necessariamente acarreta corrupções e as condições de vida pioram cada vez mais.

Onde não há visão espiritual, fica-se vulnerável e sujeito a ser levado por todo vento de doutrina e enganos de homens destituídos da verdade. Muito notável em meio a preceitos éticos é esse reconhecimento da necessidade de um ensino ainda mais alto.

"Pior cego é aquele que não quer ver"

Pessoas que tem olhos para ver, cabeça para pensar, mas não quer se dobrar aos fatos. Não se trata de apresentar novas evidências. A verdadeira questão é que ela não quer ver e não quer se render à realidade.

Ela decidiu, no fundo do seu coração não crer, não se dobrar a qualquer prova do amor, santidade e justiça de Deus para com a raça humana e consequentemente para com ela. Pois trata-se de uma barreira não intelectual, ou psíquica, mas espiritual. Somente o Espírito Santo tem o poder de vencer essa barreira e destruir toda a muralha.

Segundo nossos sábios as qualidades mais importantes que uma pessoa pode desenvolver é um "olho bom" que significa a capacidade de interpretar nosso mundo positivamente. A maneira pela qual o Altíssimo fez o nosso mundo, no entanto, torna esta interpretação positiva um grande desafio. Pois existe maldade e trevas ao nosso redor, problemas em todos os níveis, sejam eles sociais, políticos e pessoais. As nações, os governos, nem tão pouco os indivíduos acham fácil conviver em harmonia.

Uma coisa é notar que o mundo é um ambiente imperfeito e outra coisa completamente diferente é usar o zoom nas imperfeições ao invés de usar o zoom no que é bom, no que é certo e digno de exaltação.

Visualizando tudo isto, acabamos por focalizar nestes conflitos de relacionamentos imperfeitos e percebemos que é sempre mais fácil olhar para o que é chocante do que ver a grandeza do que é correto, aprazível, justo e deleitável. Temos a opção de decidir em todo o tempo, o que queremos observar como verdadeiramente importante e determinar que se torne o foco da nossa atenção.

Para ver o que está certo em nosso mundo, em nossa família, em nosso lar, devemos escolher as lentes certas, descartando as defeituosas, aquelas que falham e mostram os defeitos, nos trazendo sentimentos ruins, nos fazendo enxergar vingança ao invés de perdão. O perdão significa ver o outro com olhos novos, perdoar é ser libertado das coisas ruins, das amarras e ter o poder de mudar o rumo da nossa história. Muitas doenças físicas, inclusive ocultas e espirituais, sentimentos de incapacidade, inferioridade, inexistência, pânico, muito das vezes, nascem por causa da falta de perdão.

É importante pedir a graça de perdoar, porque foi o próprio Mestre dos mestres quem nos oferece um colírio e nos ensinou que devemos perdoar: "Pai, perdoa-lhes, porque eles não sabem o que fazem".

A verdadeira e abundante paz se conquista sem rancor e sem ressentimentos. Veja bem, quando nos engajamos incansavelmente neste intuito, estamos evoluindo no desenvolvimento de nosso "olho bom".

ABRINDO NOSSOS OLHOS

Existem muitas referências sobre os nossos olhos e quero compartilhar alguns registros e suas referências:

Desvia os meus olhos das coisas inúteis, faze-me viver nos caminhos que traçaste – Salmos 119. 37

Você simplesmente olhará e verá o castigo dos ímpios. Salmos 91. 8

Os meus olhos estão sempre voltados para o Senhor, pois só ele tira os meus pés da armadilha. Salmos 25. 15

Por que você repara no cisco que está no olho do seu irmão e não se dá conta da viga que está em seu próprio olho? Lucas 6. 41

No exame das Escrituras, percebi também que o próprio Mestre Jesus ensinou claramente sobre o assunto *São os olhos a lâmpada do corpo. Se os teus olhos forem bons, todo o teu corpo será luz, se, porém, os teus olhos forem maus todo o teu corpo estará em trevas. Portanto, caso a luz que em ti há sejam trevas, que grandes trevas serão!"* (Mateus 6. 22).

É necessário ter muito discernimento para absorver cada ensinamento que fará completo sentido e são verdadeiras lições para nós também nos dias de hoje.

Esta frase apesar de parecer um tanto quanto enigmática, tem relação com algo muito simples: o fato de enxergar a bondade e ter isso se refletindo em nosso ser, aponta para alguém que tem um interior espiritualmente saudável, que é colocado para fora com boas ações, seus olhos são iluminados! "Olhos bons" não está preso à acuidade visual em si, está ligado à visão interior simples e sem duplicidade de percepção. O olho bom enxerga exatamente aquilo que vê, as suas experiências passadas não lhes atrapalham, formando imagens talvez inexistentes. O olho bom, ao olhar alguém, não usa os mecanismos do seu cérebro para elaborar julgamentos que invariavelmente distorcem ou duplicam, ele apenas os usa para enxergar.

Entendemos, portanto, que da maneira como enxergamos a nós mesmos, aos nossos semelhantes, a vida e principalmente a Deus, tem total relação com a forma como nosso corpo se apresenta externa e internamente.

Aquele que enxerga com bons olhos, ou seja, com os olhos da fé, da bondade e do amor, conquista para si e para o seu corpo físico saúde e boas sensações.

Da mesma forma, uma pessoa que tem olhos bons, terá um corpo cheio de luz, a qual irá refletir todo o bem de Deus às outras pessoas, usando seu olhar como forma de iluminar seus caminhos e tomar as atitudes que agradam a Deus.

Ter bons olhos significa ainda nutrir bons pensamentos, ou seja, um filho de Deus nessas condições terá sempre a fé e a esperança como base de sua existência e uma visão muito mais otimista sobre a vida. Essa realidade permite que consigamos lutar com muito mais vontade e determinação pelos nossos sonhos porque temos a plena convicção de que eles irão se realizar.

"Se, porém, os teus olhos forem maus, todo o teu corpo estará em trevas. Portanto, caso a luz que em ti há sejam trevas, que grandes trevas serão!" Mateus 6. 23.

O mestre usa neste momento algo aparentemente negativo em sua comparação, em contraste com aqueles que têm olhos iluminados, existem aqueles que têm uma "luz" turva em seus olhos, ou seja, apesar de conseguirem ver fisicamente, no entanto, sua visão espiritual pode estar sendo influenciada pela escuridão e poderá levá-la a más decisões ou ações.

Leiamos a continuação de seu ensinamento:

19 E a condenação é esta: Que a luz veio ao mundo, e os homens amaram mais as trevas do que a luz, porque as suas obras eram más.

20 Porque todo aquele que faz o mal odeia a luz, e não vem para a luz, para que as suas obras não sejam reprovadas.

21 Mas quem pratica a verdade vem para a luz, a fim de que as suas obras sejam manifestas, porque são feitas em Deus.

Existem pessoas que não vem para luz porque planos escondidos serão revelados.

Dentro do contexto podemos entender que o mestre está trabalhando a importância de Seus discípulos se dedicarem a Deus e fortalecer-se espiritualmente.

Isso dará a eles luz espiritual, visão correta, limpa, clara, para enxergar com a luz de Deus e ver os caminhos em que estão andando.

As trevas têm grande poder de contaminação, ou seja, se a pessoa permite que as trevas habitem em seus olhos na forma como vê as coisas e toma decisões, isso contaminará toda sua vida "todo o teu corpo estará em trevas", pois um ser humano tomado pelas trevas não tem limites em suas maldades.

É por isso que na sequência Jesus trata sobre não servir a dois senhores, somente com olhos iluminados somos capazes de servir a um único Senhor.

Possuindo um corpo iluminado, tudo que está em oculto vira a luz, tudo que está em trevas será iluminado e o Altíssimo anela deixar ser descoberto.

As enfermidades da alma que acompanham pessoas presas ao pecado, leva-lhes a ver os outros com as suas próprias doenças.

As marcas na alma de uma vida imersa em culpa deformam seus olhos por completo, sua percepção e sua vontade estão escravizadas e, por este motivo, as trevas não lhes permite ver além de vultos. Políticos corruptos criam leis injustas para locupletarem-se delas. Olhos maus, corpos em trevas, vidas que semeiam e colhem dor.

Toda via o novo nascimento nos possibilita a libertação de todas estas angústias.

Aquele que está em Cristo nova criatura é, as coisas velhas já passaram, eis que tudo se fez novo fazendo uso de Seu colírio para curar nossas deficiências.

PISCAR DE OLHOS

Quando queremos descrever algo que venha a acontecer subitamente, usamos o termo de "num piscar de olhos", e atualmente somos cobrados por segundos de tempo, a largura de banda é medida em bits por segundo (bps), ou seja, em uma "conexão de 10 megas", significa que é possível mover 10 milhões de bits em um segundo, número este que nos permite ver um filme através da internet por exemplo, nosso computador é medido em nanossegundos, então já ouvi alguém de forma genial dizer algo que me fez rir e posteriormente pensar: nossa referência é mais high-tech que humana.

Veja bem, apesar destas mudanças tão inovadoras, hoje, como no passado um instante é breve e ao mesmo tempo, suficientemente longo para que aconteça uma ocorrência capaz de transformar a vida.

Podemos escolher desfrutar o sonho de Deus para nós todos os dias ao buscarmos sua palavra em primeiro lugar. É tempo de permitirmos que nosso coração proclame essa realidade de forma poderosa e plena.

Mas quantos de nós pensamos na possibilidade de uma mudança para o bem que ocorra em um instante?

Estamos cercados de notícias ruins, recentemente doenças mortais ainda não completamente erradicadas, ou injustiças acontecendo próximo a nós abruptamente.

No entanto, assim como estes momentos negativos são reais para nós, assim também deve ser a possibilidade de mudanças rápidas, pois os ensinamentos bíblicos nos dizem para reconhecer que "a salvação do Senhor chega num piscar de olhos" isso significa que as coisas boas podem acontecer e acontecem num instante.

Quando confrontado com uma tragédia ou más notícias é natural concentrar-se no negativo, mas o que realmente precisamos ter em mente é que assim como as "más notícias" chegam num instante, assim também as boas notícias vêm.

Que a Salvação Divina venha instantaneamente, trazendo-nos um novo tempo que seja totalmente bom, uma nova era de prosperidade em todos os aspectos de saúde e coração e que isso ocorra num piscar de olhos.

CAPÍTULO 14
AMPLIANDO A VISÃO

A visão é um dos dons naturais mais fascinantes que Deus nos concedeu e observar coisas magníficas e concretas produz uma satisfação indescritível, imaginem se pudéssemos enxergar as subjetivas.

É bastante interessante observar que a Bíblia contrasta as limitações da visão natural com a vida de fé.

Alguém já disse que a fé fornece olhos para o coração ou por que você acha que fechamos os olhos quando oramos, choramos ou sonhamos? Porque as coisas mais belas da vida não são vistas com os olhos, mas sentidas com o coração. Ouvi o "ator Denzel Washington" proferir esta frase, porém não sei se foi ele mesmo quem a criou, mas uma coisa é absolutamente certa, este pensamento nos ajuda a entender com mais clareza o poder extraordinário de nosso mapa mental e a influência deste sobre nossa alma.

Deus é espírito portanto invisível, então podemos usar os olhos do coração para vê-lo.

Lemos em *Efésios 1. 18 Ele está Iluminando os olhos do coração de vocês, para que saibam a que esperança Ele os chamou, quais são as gloriosas riquezas que Ele reserva como herança.*

Acredite, os olhos do seu entendimento estão sendo iluminados. Uma pessoa cega geralmente tem audição e tato muito aguçados, portanto ela usa para entender as coisas que não consegue ver. Do mesmo modo, podemos usar os sentidos para observar o mundo à nossa volta e conhecer o Deus que nos criou. Suas qualidades invisíveis são claramente vistas desde a criação do mundo em diante, porque são percebidas por meio de todas as coisas feitas com toda perfeição e sincronia.

Somos uma sociedade dominada pelo visual, pelo que atrai uma cultura formada pelo que é captado pelos sentidos e somos treinados a crer apenas no que vemos, principalmente em nossa era digital com tanto poder computacional que muitas vezes até nos confundimos com tantos efeitos especiais.

Entretanto é necessário nos conscientizar sobre a diferença que existe entre o real e o irreal, o mundo físico verdadeiro e o mundo imaginário irreal que muitos filmes e programas apresentam. Mas também precisamos enfatizar sobre o mundo espiritual, sobre as coisas invisíveis que existem em paralelo ao mundo físico que vemos. Vemos isso em 2 Coríntios 4. 16 ao 18 *"Mas, ainda que o nosso homem exterior se corrompa, o interior, contudo, se renova de dia em dia. Porque a nossa leve e momentânea tribulação produz para nós um peso eterno de glória mui excelente. Não atentando nós nas coisas que se veem, mas nas que se não veem; porque as que se veem são temporais, e as que se não veem são eternas"*.

Certa vez Jesus chamou de hipócritas um grupo de líderes religiosos porque eles discerniam as condições do clima, mas não discerniam os tempos. Jesus preferia que as pessoas reconhecessem os tempos se referindo as "estações espirituais" muito mais do que as condições climáticas naturais.

Inicialmente pensamos que a capacidade para ver a esfera espiritual é a aplicação de um dom especial que a pessoa tenha e não o uso de um dom que todos têm em potencial, mas que normalmente não é utilizado. Saber discernir os tempos espirituais é uma evidência de que todos receberam esta capacidade.

Existem algumas filosofias transmitidas através de imagens ou filmes com influências espirituais que agem de forma sorrateira por de trás do véu do plano físico que provocam verdadeira cegueira espiritual sem percebermos. Eis então a necessidade de procurarmos reciclar muito bem aquilo que colocamos à frente de nossos olhos e de nossos filhos.

A segurança que tenho ao escrever esse livro é que não estou escrevendo aqui sozinho, pois tenho o privilégio de ter a inspiração de Deus para o fazê-lo, portanto, prepare-se, pois Deus irá curar suas emoções.

Existem alguns que além de possuírem um patrimônio gigantesco, acumularam verdadeira fortuna e recebem dividendo de suas ações, porém não são prósperos.

Confundimos muitas vezes prosperidade com riqueza. Prosperidade não é ter tudo, e sim não ter falta de nada, esta é afirmativamente uma sensação rara, pois percebe-se que existem pessoas que tem tudo, mas também tem falta de tudo.

Pois a verdadeira prosperidade acontece somente quando às quatro áreas de nossa vida são restauradas. Creia que Ele o fará avançar, prosperar na área espiritual, emocional, física e financeira.

"Porque sou eu que conheço os planos que tenho para vocês", diz o Senhor, *"planos de fazê-los prosperar"* – Jeremias 29. 11.

Muitos pensam que prosperidade significa riqueza. A diferença entre riqueza e prosperidade é que uma é detentora e a outra é geradora.

A riqueza é algo que uma pessoa tem, conquistou, ganhou ou herdou, logo a riqueza por si só, não é geradora. Alguém pode ser rico, mas não ser próspero, pois prosperidade não é apenas riqueza financeira.

Alguém bastante afortunado me perguntou por que se tornar próspero? Ser rico não é suficiente? Usei aquela antiga ilustração: ser rico é como ter uma linda fazenda totalmente fechada apenas para seu uso e um lago de água parada, cedo ou tarde o lago morre por falta de oxigenação na água parada, onde existem doenças e parasitas. Ser próspero é como ter um lago, com uma fonte abundante, onde existem peixes e é possível pescar, além de usufruir da fluidez, da força da fonte e da aparência deslumbrante da paisagem formada pelo lago, ainda poder compartilhar tudo isso com muitas outras pessoas.

O ser humano pensa que a alegria está em acumular riqueza e na Bíblia diz que a alegria está em partilhar, quando você dá, você investe e multiplica amor.

Todos nós já sabemos que riqueza e dinheiro são apenas meios para fins mais nobres, para seus valores mais profundos, a fim de que se alcance a tal felicidade interior e as maiores bênçãos são as espirituais.

O problema surge quando nos sentimos tão vazios por dentro ou tão carentes que usamos o dinheiro para preencher os vazios emocionais.

Observe a definição de prosperidade: vem do latim "prosperitate" que, por sua vez, significa estado ou qualidade de próspero, feliz, abastado, que está em plena ascensão. É um conjunto de situações envolvendo saúde física, mental, financeira, ambiental e social. É uma pessoa saudável em todas essas áreas da vida.

Faça a si próprio a pergunta: O que eu realmente possuo de grande valor?

E a resposta poderá vir de forma tímida de início, crescendo aos poucos para tomar-se firme e decidida no final.

Gostaria de sugerir este exercício antes de continuar a leitura:

Sua resposta deveria ser baseada nesses valores.

Tenho a memória, a vontade livre, a inteligência, os lábios para sorrir, o paladar, o olfato, mãos para me defender, ler e servir, o coração para amar, a saúde, a vida, o ar que respiro, o dom da palavra, a fé.

Permita isto tudo ser infundido em seu ser e passe, a valorizar tudo o que possuí com muita gratidão evitando lamentar o que eventualmente perdera, deixando o passado para trás e vivendo intensamente o presente!

CRENÇAS LIMITANTES

É muito comum encontrarmos pessoas que acreditam que espiritualidade e prosperidade material não podem ser encontradas no mesmo indivíduo, porém isto não é verdade.

Apesar do dinheiro não ter o poder de mudar uma pessoa, ele tem o poder de fazer as pessoas revelarem as suas características mais intrínsecas, ou seja, uma pessoa com tendências à desonestidade e egoísmo, com muito dinheiro, tende a se tornar ainda mais desonesta e egoísta, no contraponto, uma pessoa honesta e generosa, com muito dinheiro, tende a se tornar ainda mais honesta e generosa. Ou seja, o dinheiro não muda as pessoas, apenas ajuda a revelar o que elas realmente são por dentro naquele momento.

LEI DO RETORNO

Uma das principais leis que não posso deixar de citar aqui à qual precisamos compreender a Lei da Doação, que ensina que quanto mais doamos algo, mais recebemos. Muitos são os que entendem bem esta lei e procuram sempre fazer doações para ajudar outras pessoas a se desenvolverem, melhorarem em algum aspecto e progredirem em suas vidas.

Costumo ilustrar esta lei com o boomerang. Quando os filhos eram pequenos, costumava brincar com eles no sítio com o tal do boomerang, lembro que durante um bom tempo, meses para ser mais exato, tentávamos aprender como jogar, mas nunca víamos ele voltar exatamente em nossas mãos. Por este motivo tínhamos que nos esforçar demais correndo até o lugar aonde ele retornava e muitas vezes era bem longe de nós. Por este motivo, poucos dias depois, minha filha Stephanie desistiu daquelas exaustivas tentativas. Até que um dia ouvi meu filho perguntar com os olhos arregalados e pupilas dilatadas: papai, ele não deveria vir exatamente de volta em nossa mão? Ele asseverou em tom controverso e então naquele instante, diante de um menino de 8 anos, meus olhos se abriram para aquela realidade.

Àquela altura já possuíamos três modelos diferentes de boomerang, inclusive o de longa distância, porém não havia estudado sobre as devidas técnicas que deveriam ser empregadas naquele objeto que se lança no ar atingindo seu objetivo.

Comecei a estudar sobre o assunto. Desde os tempos mais antigos é o mesmo engenho aparentemente simples e entendi que não se tratava de um brinquedo apenas para jogar e correr atrás. Mas com o intuito de que o aparelho vá e volte, se for e não voltar, não será um bumerangue, mas um bastão de arremesso apenas.

Depois de muitos dias de leitura cheguei à parte que realmente me interessava. Há sim, como jogar o boomerang de forma correta. Então, com as técnicas corretas parece que o negócio é místico, porém é apenas princípios físicos.

Aprendi que não basta fazer a coisa certa se for de maneira errada. É imprescindível fazer a coisa certa de maneira certa. Sendo este um dos ensinamentos bíblicos que corroboram este princípio.

Quando realizamos algo que sabemos ser certo, mas se o fizermos de maneira errada, os resultados não serão satisfatórios, no entanto, se o fizer for da maneira correta, a colheita abundante será inevitável.

Portanto a lei da doação não se refere apenas a bens materiais, mas também a nossa energia, o nosso tempo, nossas emoções, o nosso conhecimento, a nossa atenção e nossas atitudes em geral. Na Bíblia lê-se "daí e recebereis" o que também é conhecido como Lei do Retorno, ou seja, aquilo que fazemos ao próximo retorna para nós mesmos. Podemos assegurar que prosperidade é um caminho que se constrói praticando princípios.

Se fosse hoje a história de Jó provavelmente seria noticiada em todos os jornais, noticiários e redes sociais conhecidas: "Homem perde de uma só vez: os seus 10 filhos, bens, patrimônios e fica doente..." não conseguimos imaginar tamanha a dor daquele coração e ao olharmos para o livro todo encontraremos um longo diálogo entre Jó e seus amigos e no fim, entre Jó e Deus.

Jó falou muitas coisas sem o pleno conhecimento de Deus, ele disse: *"Na verdade, falei do que não entendia; coisas maravilhosas demais para mim, coisas que eu não conhecia"* e, porque ele falou tantas coisas sem conhecer, atribuindo a Deus atos que Ele nunca havia feito, Jó se arrepende, e diz: *"Eu te conhecia só de ouvir falar, mas agora os meus olhos te veem."* Tudo muda quando passamos a conhecer Deus.

Qual é o seu nível de conhecimento sobre Deus? Só de ouvir falar? Mas como podemos ver Deus se Ele é invisível? Quando começamos a conhecer a Palavra de Deus nos tornamos íntimos dele. Jó colocou em prática tudo que estava dentro dele e conseguiu ativar o mundo espiritual invisível através de sua pregação que antes sempre professava agora se tornava visível, demonstrando o verdadeiro Deus que antes sempre testemunhara na fartura, soube também continuar confiando em meio a toda crise que enfrentava.

As crises não alteram nosso caráter, pelo contrário, elas revelam o verdadeiro caráter. As crises não alteram ou enfraquecem nossa fé, elas revelam o quanto existe superficialidade ou profundidade em minha fé.

E agora, imagine que seus olhos possam ser abertos quanto ao futuro!

Fale com Deus agora e diga: "Abra meus olhos para que eu veja o que você vê"

Pessoas corajosas falam do que não veem e pessoas extraordinárias falam ao contrário do que estão vendo.

A SÉTIMA CHAVE PARA DESTRAVAR
MILAGRES É:

TER CERTEZA
QUE EVENTOS
ESPIRITUAIS
IRÃO
ACONTECER
E NÃO
FICAR MAIS
TÍMIDO OU
INDIFERENTE
EM RELAÇÃO
A ISSO

Estamos vivendo uma época espiritualmente nova, o relacionamento que Deus vai construir no seu interior através desta leitura, será tão intenso, vigoroso e tão profundo que nada vai poder roubar essa consciência e convicção de você.

Por Teologia entende-se uma reflexão científica sobre a autorrevelação de Deus ao homem e/ou ao mundo, em particular, descrita pela Sagrada Escritura.

Lamentavelmente existem pessoas que desenvolvem convicções consolidadas nas mentiras da própria mente (alma) em verdades distorcidas que elas não poderiam de forma alguma confiar. Conheço pessoas que ouviram a voz da própria alma dizendo que não iriam conseguir vencer as dificuldades que estava enfrentando, ter uma família feliz. Mas decidiram falar assim: "não vou mais ouvir estas mentiras sobre mim, porque isso não é de Deus" e quando for a voz do Espírito de Deus, só então vou aceitar e corresponder.

Conheço dezenas de pessoas que usaram essa "Chave para destravar milagres" e na medida em que foram interagindo com a voz de convicção, Deus foi consolidando o milagre em todas as áreas de suas vidas.

Quando se dispôs a orar pelos seus amigos, Deus mudou completamente a situação dele tornando-o mais rico e próspero do que antes da provação. Quando decidimos fazer mais pelos outros podemos experimentar muito mais do que Deus tem pra nós.

INVISÍVEL

Leiamos 2 Coríntios 4. 18 – *"Na medida em que não olhamos para as coisas que se veem, mas para as que não se veem. Porque as coisas que se veem são temporais, mas as que não se veem são eternas".*

Todas as outras coisas que existem, eu disse TODAS, foram criadas em algum momento, o tempo, o universo, as galáxias, os planetas, satélites e estrelas, os céus e a terra, as montanhas e vales, as campinas, desertos e mares, os seres espirituais (anjos) e todos os seres vivos desde os microscópicos até ao homem (humanidade) tudo o que já foi descoberto e o que ainda não descobrimos, foi criado por Deus em algum momento.

George Orwell (1903-1950) disse: *"To see what is in front of one's nose needs a constant struggle"* – Para ver aquilo que está à frente do nosso nariz, exige um esforço, uma luta constante.

Para muitos a solução para stress e ansiedade é óbvia, porém não percebemos porque estamos muito ocupados vendo status das outras pessoas e navegando na internet durante horas olhando registros de lugares incríveis que outras pessoas estão visitando ou fazendo tantas outras atividades que não edificam, coisas efêmeras, algo passageiro, transitório e de curta duração.

Uma vez que Eva respondeu errado à primeira onda de ataque, a Serpente teve uma fenda para confundir seu alvo: "Disse a serpente à mulher: 'Certamente não morrerão! Deus sabe que, no dia em que do fruto comerem, seus olhos se abrirão, e vocês serão como Deus, conhecedores do bem e do mal'". (Gênesis 3. 4-5). A primeira etapa da tentação foi separar a humanidade da Palavra de Deus.

Nesta fala toda a perfeição divina foi reduzida a um simples conhecimento do bem e do mal. Deus, Criador que é santo, infinito, eterno, amor, misericórdia, justiça, onipotente, onisciente, onipresente e incontáveis outras coisas maravilhosas, foi reduzido a apenas conhecedor do bem e do mal?

Com essa visão distorcida sobre Deus, então lemos que Eva olhou para o fruto com outros olhos: *"Quando a mulher viu que a árvore parecia agradável ao paladar, era atraente aos olhos e, além disso, desejável para dela se obter discernimento, tomou do seu fruto, comeu-o e o deu a seu marido, que comeu também"*. (Gênesis 3. 6).

Somos definidos pelas batalhas que decidimos lutar e consequentemente tais batalhas determinam as conquistas.

Sempre antes de Deus construir algo grande e extraordinário, o Todo Poderoso começa por pequenas escalas de obediência. Existem algumas ordens que muitas vezes parecem ser simples e básicas, entretanto efetivamente são pequenos testes ou escalas pequenas de obediência para nos elevar a um novo nível invisível, mas real acredite.

Conforme você foi avançando no conhecimento através deste livro, pôde perceber que a visão terrena e a cegueira espiritual são aliadas entre si e contrárias a verdadeira Visão Espiritual, descobrindo gradativamente em cada capítulo, atitudes que devem se tornar hábitos em sua vida para ampliar sua visão espiritual.

Acompanhe o que diz o texto em 1 João 5. 20 – *"Também sabemos que o filho de Deus é vindo, e nos tem dado entendimento para reconhecermos o verdadeiro, e estamos no verdadeiro, em seu filho Jesus Cristo. Este é o verdadeiro Deus e a vida eterna"*.

Em resumo, o versículo fala que Jesus Cristo é o verdadeiro Deus e a vida eterna justamente porque a vida Dele existe fora do nosso tempo cronológico, portanto, quem se unir a Cristo também se unirá à vida eterna que há Nele. Embora nós não sejamos eternos, passaremos a partilhar da vida eterna que há em Cristo a partir do momento de nossa união, pois foi escrito: *"Mas o que se ajunta com o Senhor é um mesmo espírito."* 1 Coríntios 6. 17

No capítulo de Efésios 1. 18 *"Que ilumine os olhos do vosso coração!"* Os hebreus frequentemente a empregam para denotar os poderes racionais da alma, embora mais estritamente, sendo a sede das afeições, significa vontade ou desejo. Logo podemos afirmar que entendimento é o poder ou faculdade na alma pela qual o conhecimento ou a informação é recebida, assim o poder receptor é aqui denominado "Olhos do entendimento".

"Portanto acredite que Os olhos do seu entendimento estão sendo iluminados".

A percepção do desconhecido é a mais fascinante das experiências. O homem que não tem os olhos abertos para o misterioso passará pela vida sem ver nada- Albert Einstein.

Ter visão espiritual significa ver além do que os olhos humanos conseguem enxergar, assim sendo, Deus deseja melhorar a sua visão espiritual que é a capacidade de discernir e entender a realidade do mundo espiritual. Os olhos espirituais podem ser abertos somente através do conhecimento genuíno de Jesus Cristo.

A visão terrena e a cegueira espiritual são aliadas entre si e contrárias à verdadeira visão espiritual.

Disse o salmista – *Abre os meus olhos para que eu veja as maravilhas da tua lei- 119. 18.* Veja bem, esta visão precisa estar infundida em você.

Sua mente ou está em combate contra Deus, ou ela está sendo transformada através do livre arbítrio que Deus nos dá e a única coisa que Ele nunca fará será mudar nossos pensamentos, por este motivo diz Romanos 12. 2- *"E não vos conformeis com este mundo, mas <u>transformai--vos pela renovação do vosso entendimento</u>, para que experimenteis qual seja a boa, agradável e perfeita vontade de Deus".*

De tudo o que o ser humano anteriormente tenha experimentado, o desejo de Deus é que todo aquele que é nascido de novo, sejam cheios do Espírito Santo ao ponto que transborde Dele, e que sejamos "cheios de toda a plenitude de Deus" isto é algo que realmente não tem com o que se comparar, então entendemos que uma vez possuindo não podemos deixar de compartilhar essas bênçãos aos outros.

Quando uma luz é acesa as trevas não podem resistir, a luz é superior às trevas de tal forma que o seu triunfo é instantâneo.

Quando o Reino de Deus vem sobre uma pessoa, os poderes das trevas são forçados a sair instantaneamente.

Sendo este Deus sobrenatural, Sua presença torna tudo possível!

Se Ele é convidado para determinada situação, não devemos esperar nada menos do que uma infusão ao sobrenatural. Em atos 19. 12 relata fatos extraordinários de que até lenços e aventais que Paulo usava eram levados e colocados sobre os doentes e estes eram curados de todas as suas enfermidades, assim como espíritos malignos eram expelidos deles imediatamente.

Não eram os lenços de Paulo que tinha este poder, e sim a do Espírito sobre ele, era a presença do Espírito Santo manifestada e ensinada por ele que fazia os milagres acontecerem. A unção é uma expressão da pessoa do Espírito Santo. Ele é real.

Paulo permanece na cidade de Éfeso por dois anos a ponto de que muitos dos que tinham exercido artes mágicas ajuntaram os seus livros de conhecimento em bruxaria e queimaram-nos diante de todos, calculou-se o seu valor e achou-se que montava a cinquenta mil moedas de prata – Atos 19. 19.

O nome de Jesus em vez de ser ultrajado, foi magnificado quando as pessoas compreenderam que aquele poder, não estava disponível para qualquer pessoa controlar nem tão pouco manipular. Mas para obedecer a Ele, precisamos estar dispostos a sair dos nossos limites, indo além do que conhecemos e para fazermos isso com sucesso é necessário reconhecer Sua presença acima de tudo e de qualquer coisa.

Peço que Ele ilumine os olhos do seu coração para que saibam qual é a esperança da tua vocação e qual é a suprema grandeza do seu poder sobre nós, os que cremos, segundo a eficácia da força do seu poder.

Essa clareza diante de todas as circunstâncias e cenários da vida. Pode ser aperfeiçoada através de um conhecimento mais amplo e profundo da Palavra de Deus. Como, da trajetória da fé na comunhão com o Espírito Santo.

Assim como um colírio que lubrifica os olhos e ajuda na qualidade da visão, da mesma forma a Palavra de Deus recupera a saúde da alma e do coração. Facilitando enxergarmos nossa própria vida com mais esperança.

Quando não somos mais reféns do que sentimos ou do que é sensorial, não nos movemos pelo que vemos, mas sim pelo que cremos.

Então, imagine que você entendeu que existe um mundo espiritual. O qual é tão real quanto o mundo físico em que vivemos. Agora, imagine que você pode compartilhar essas bênçãos com outras pessoas e ajudá-las a encontrar o caminho da verdadeira vida espiritual.

Pois é isso que este livro te mostrou. A importância de desenvolver uma visão espiritual para entender as realidades do mundo espiritual. Compreendendo totalmente seu propósito nesta Vida.

A visão terrena e a cegueira espiritual são inimigas da verdadeira visão espiritual. Então é preciso renovar nosso entendimento para experimentar a vontade de Deus em nossas vidas.

Antes de encerrar esta jornada, gostaria de lançar um Desafio Final para você. Quero incentivá-lo a colocar em prática as Sete Chaves reveladas neste livro para desenvolver sua visão espiritual e experimentar a vida sobrenatural.

RELEMBRANDO AS SETE CHAVES PARA ATIVAR O MILAGRE:

1ª CHAVE:

GRATIDÃO

(explicada no capítulo 1)

2ª CHAVE:

ACALME SUA MENTE

(explicado no capítulo 4)

3ª CHAVE:

ESPÍRITO QUEBRANTADO

(explicado no capítulo 5)

4ª CHAVE:

TEU POSICIONAMENTO IRÁ DETERMINAR TEUS LIMITES

(explicado no capítulo 5)

5ª CHAVE:

PRECISAMOS LIBERAR ORDENS ANTES, DENTRO DE NÓS

(explicado no capítulo 6)

6ª CHAVE:

DEFINIR CLARAMENTE ONDE VAMOS APLICAR NOSSO FOCO

(explicado no capítulo 7)

7ª CHAVE:

TER CERTEZA QUE EVENTOS ESPIRITUAIS IRÃO ACONTECER E NÃO FICAR MAIS TÍMIDO OU INDIFERENTE EM RELAÇÃO A ISSO

(explicado no capítulo 14)

O desafio consiste em dedicar uma semana para se concentrar em cada uma das chaves e aplicá-las em sua vida diária.

Por exemplo, na primeira semana, concentre-se em buscar uma compreensão mais profunda da Palavra de Deus e meditar nela regularmente. Na segunda semana, comece a ouvir a voz de Deus por meio do Espírito Santo e seguir Sua direção em cada área da sua vida.

Continue assim, aplicando cada uma das chaves, uma a uma, até completar as sete semanas.

Registre suas experiências em um diário e, ao final do desafio, compartilhe suas reflexões e transformações em suas redes sociais, incentivando outros a também experimentarem uma vida mais plena e sobrenatural.

Lembre-se, o conhecimento sem ação é inútil, então coloque em prática o que aprendeu neste livro e experimente a vida transformadora que Deus tem reservado para você. Estou animado para ver as transformações que irão acontecer em sua vida e mal posso esperar para ler suas histórias de sucesso!

Então, eu o convido a compartilhar suas próprias histórias de sucesso ou desafios em sua jornada espiritual. Como também sobre qual capítulo ou episódio deste livro mais te tocou.

Compartilhe suas experiências em nossas redes sociais e inspire outros a seguir o mesmo caminho. Lembre-se sempre que, com Deus ao seu lado, você é capaz de alcançar coisas incríveis. Obrigado por embarcar nesta jornada conosco e que Deus continue abençoando a sua vida.

CONSIDERAÇÕES

QUE BOM QUE VOCÊ CHEGOU ATÉ AQUI!

Nem conclusão, nem finalização, porque meu caro leitor de muita coragem vai falar do livro. Comentar alguma coisa. Então os discursos seguem seu fluxo e mesmo que não fale nada com ninguém, passará a colocar em prática os ensinamentos abordados nesta obra. Logo o livro continua vivo, graças a você. Residindo em sua interioridade.

Não pretendemos aqui repetir ou resumir o que já foi dito.

Apresento apenas uma reflexão.

Precisamos nos posicionar.

Realizando um ajuste de nosso foco. Alguns talvez flutuando em um barquinho sobre águas tranquilas de um lindo lago. Outros, no pregão da bolsa. Cada um de nós vivendo sua própria vida. Mas também seus sonhos, seus medos e esperanças e, por que não, suas filosofias também.

Por outro lado, ideais incríveis para mudar o mundo. Transformá-lo, reinventando-o para as gerações futuras.

À medida que escrevia este livro, orei frequentemente para que você experimentasse o indescritível sentimento de esperança, de pertencimento, vigor e alegria que se sente ao descobrir o motivo pelo qual Deus o pôs neste planeta.

Me sinto entusiasmado porque conheço todas as coisas maravilhosas que te acontecerão.

Aconteceram comigo, e jamais fui o mesmo desde que descobri o propósito de minha vida.

Por conhecer os benefícios que virão, quero desafiá-lo a não abandonar esta jornada espiritual pelos próximos dias.

Torne este processo de ampliar sua visão em diversas áreas de sua vida um compromisso diário em sua agenda.

Sua vida vale o tempo utilizado para pensar, analisar e refletir sobre o assunto que mais lhe tocou.

Eterna gratidão!

Olha onde você pode me encontrar todos os dias também:
Youtube: @inspiracaoefocoSGS
Instagram: @sandro_goncalvesss

Eu compartilho muito conteúdo motivacional e edificante por lá!
Venha ser meu Amigo!
Com Amor,
SANDRO GONÇALVES
Contato: sandrologo@hotmail.com

REFERÊNCIAS

MORRIS, Leon Lamb. *O Evangelho de Lucas*: Introdução e Comentário. Tradução de Gordon Chown. Reimpressão: 1986, 1990, 1996, 1997, 2000, 2005, 2006, 2007. São Paulo: Vida Nova, 1983. ISBN-978-85-275-0158-3. Disponível em: https://issuu.com/rogeriocericatto/docs/e0655. Acesso em: 27 dez. 2016.

LOPES, Hernandes Dias. *Pedro*: Pescador de Homens. São Paulo: Hagnos, 2015. ISBN-978-85-7742-176-3. Disponível em: https://issuu.com/heltonfernandorodrigues/docs/pedro_pescador_de_homens_-_hernande. Acesso em: 28 dez. 2016.

GRASSO, Domenico. *O Problema de Cristo*. São Paulo: Loyola, 1967.

HENDRIKSEN, William. *O Evangelho de João*. Tradução de Elias Dantas; Neuza Baptista. São Paulo: Cultura Cristão, 2004. ISBN-85-7622-031-8. Disponível em: http://minhateca.com.br/Rocha.Leandro/Teologia.

Texto publicado no Jornal Fuxico Ano XVI – Nº 41 – maio/agosto 2018. NIT- Núcleo de Investigações Transdisciplinares do Departamento de Educação da UEFS.

BARROS, Manoel. Livro sobre nada. Rio de Janeiro/São Paulo, Editora Record: 2004.

BONDÍA, Jorge Larrosa. Notas sobre a experiência e o saber da experiência. *Revista Brasileira de Educação*, n. 19, p. 20-28, 2002.

Abbagnano Nicola Dicionário de Filosofia [Livro] / Tradução deBosi Alfredo. – São Paulo: Martins Fontes, 2000.

Bíblia de Estudo Plenitude. [Livro].

CPAD Bíblia de Estudo Aplicação Pessoal [Livro]. – São Paulo: [s.n.], 2004.

CPAD Bíblia de Estudo Palavras-Chave Hebraico e Grego [Livro]. – Rio de Janeiro: CPAD, 2011.

Morra Gianfranco Filosofia Para todos [Livro] / Tradução de Marsola Maurício Pagoto. – São Paulo: Paulus, 2001.

Lusíadas Saúde é um grupo de referência no setor da saúde em Portugal e pertence ao UnitedHealth Group.

UnitedHealth Group, o maior grupo de saúde do mundo, é uma empresa sediada nos Estados Unidos da América que se dedica a atividades no setor da saúde e bem-estar.

O Antigo Testamento interpretado, R. N Champlin. Editora Hagnos.

Disponível em: http://g1.globo.com/ciencia-e-saude.

Disponível em: https://mundoeducacao.uol.com.br/amp/fisica/luz--visao.htm.

Hospital da Visão Santa Catarina.

Disponível em: https://acruzhebraica.com.br/antigo/genesis/o-que-deus-criou-no-primeiro-dia/

Disponível em: https://pt.m.wikipedia.org/static/images/mobile/copyright/wikipedia-wordmark-fr.svg

Disponível em: https://novainter.net/blog/voce-e-sinestesico-ou -cinestesico/

Disponível em: https://super.abril.com.br/ciencia/a-revolucao -do-cerebro/amp/

Bíblia Plenitude

Disponível em: https://revistagalileu.globo.com/Revista/Common /0,,ERT110522-17773,00.html

Bíblia de Estudo Plenitude, Revista e corrigida, SBB 1995.

Fallows Bible Dictionary, volume III.

IDICIONÁRIO BÍBLICO STRONG. Léxico Hebraico, Aramaico e Grego de Strong © 2002 Sociedade Bíblica do Brasil

SOCIEDADE BÍBLICA DO BRASIL Av. Ceci, 706 – Tamboré Barueri, SP - CEP 06460-120.

Pensamento extraído curso da arataacademy.com

CHAMPLIN, R. N. O Novo Testamento interpretado versículo por versículo - Editora Hagnos

ORGANIZAÇÃO PAN-AMERICANA DA SAÚDE, 2005).

Disponível em: https://www.rabbisacks.org/

GEISLER, Normam & HOWE Thomas — Manual Popular de Dúvidas, Enigmas e "contradições" da Bíblia. Editora MC – Mundo Cristão – pag. 34.

Normam Geiser & RHODES-Resposta às seitas. CPAD

Centro Apologético Cristão de Pesquisas

BUSCAGLIA, L. Os deficientes e seus pais Rio de Janeiro, Record, 1993

UNICEF, OMS, UNESCO. *Medidas vitais.* Brasília, Seguradoras, s/d.

Xiaonan Yang, Jung Hyup Kim. Measuring Workload in a Multitasking Environment Using Fractal Dimension of Pupil Dilation. International Journal of Human–Computer Interaction, 2018.

Como parar de se preocupar e começar a viver, de 1948, ele apresenta táticas para se libertar de **ansiedades incômodas** que diminuem a felicidade e a produtividade

Disponível em: https://maiseducativa.com/2018/10/24/mito-ou-verdade-as-pupilas-dilatam-quando-olhamos-para-quem-gostamos/.

A. T. Robertson, A Grammar of the Greek New Testament, p. 506.

Disponível em: https://jungpage.org

Disponível em: https://www.trabalhosfeitos.com/ensaios/o-Homem--Que-Confundiu-Sua-Mulher/470996.html.

O Homem que Confundiu Sua Mulher com um Chapéu. Oliver Sacks, Companhia das Letras, 2010.

Disponível em: https://super.abril.com.br/ciencia/quando-o-cerebro--nao-enxerga/amp/ Por **Maurício Horta.** Atualizado em 31 out 2016, 18h50 — Publicado em 19 maio 2012, 22h00

Disponível em: https://universoracionalista.org/pesquisadores-descobrem-um-misterio-no-momento-da-concepcao-dando-uma-nova-esperanca-para-pares-inferteis/ Por Rafael Coimbra – jan. 8, 2017.

Disponível em: https://www.semprefamilia.com.br/defesa-da-vida/vida-comeca-com-um-clarao-de-luz-revela-filmagem-inedita-de-uma-fecundacao/amp/ 28/04/2016 14:06

http://psicoativo.com/2016/11/por-que-e-dificil-falar-olhando-nos-olhos-das-pessoas-o-o.html

Disponível em: https://traducaodonovomundodefendida.com/2019/12/15/hayah-e-ehyeh-%D7%90%D6%B6%D7%94%D6%B0%D7%99%-D6%B6%D7%94/

https://www.paulopes.com.br/2015/06/luz-divina-que-fez-paulo-virar-cristao-era-meteoro-diz-estudo.html?m=1#.Y0HgXyVv_Dt Artigo publicado na revista Meteoritics & Planetary Science, em junho 11, 2015

Disponível em: https://bibliotecabiblica.blogspot.com/2015/09/significado-de-atos-9.html?m=1

O Que Está Escrito? ©1994, ©1995, ©1996, ©1997, ©1998, ©1999, ©2000, ©2001, ©2002, ©2003, ©2004, ©2005, ©2006, ©2007, ©2008, ©2009 Redator: Dennis Allan, C.P. 500 -- Jarinu – SP -- CEP: 13240-970

Andando na Verdade ©1999, ©2000, ©2001, ©2002, ©2003, ©2004, ©2005, ©2006, ©2007, ©2008 Redator: Dennis Allan, C.P. 500 -- Jarinu – SP -- CEP: 13240-970

Disponível em: https://estudosdabiblia.net/d122.htm

Disponível em: https://versiculoscomentados.com.br/index.php/estudo-de-efesios-1-18-comentado-e-explicado/

BENTHAM, J. Uma Introdução aos Princípios da Moral e da Legislação. São Paulo: Abril Cultural, 1979.

PLATÃO, Fédon, Colecção Filosofia-Textos nº 4, Porto Editora,1995.

KANT, Immanuel. Analítica do Sublime. Tradução de Valério Rohden e Antônio Marques. São Paulo/Rio de Janeiro: Forense Universitária, 1995.

Uma Vida com Propósitos - Você não está aqui por acaso Rick Warren - Título original: The purpose-driven life Tradução: James Monteiro dos Reis - 2003 - Editora Vida.

Bondía, J. L. (2002). Notas sobre a experiência e o saber de experiência. *Revista Brasileira de Educação*, (19), p.20-28. Recuperado em 15 de outubro, 2011

MUITO ALÉM DO QUE SEUS OLHOS VEEM

Rosa, G. (1986). *Grande Sertão: veredas*. (31ª ed.). Rio de Janeiro: Nova Fronteira.

Disponível em: www.nucleodoconhecimento.com.br/teologia/negacao-de-pedro

Disponível em: https://portugues.clonline.org/arquivo/luigi-giussani/sim%C3%A3o-tu-me-amas.amp

Disponível em: https://www.cpt.com.br/para-refletir/se-busca-a-riqueza-prefira-a-prosperidade-para-ser-feliz

Disponível em: https://administradores.com.br/artigos/como-construir-uma-vida-rica-com-prosperidade-e-espiritualidade

Disponível em: http://www.blogdofabossi.com.br/2010/09/trabalho-e-entusiasmo-motivacao/. Acesso em: 27 jun. 2012.

Disponível em: https://www.ibccoaching.com.br/portal/motivacao-pessoal/reflexao-sobre-efeito-bumerangue-voltas-que-vida-da/

Postado em 5 de agosto de 2019 por José Roberto Marques

Disponível em: https://lenscope.com.br/blog/olho-dominante/amp/

Disponível em: https://www.martinato.com.br/linha-ortoptica/teste-do-olho-dominante-como-encontrar-seu-olho-dominante/

Disponível em: https://super.abril.com.br/comportamento/o-vaivem-do-bumerangue-pelo-tempo/amp/ Por **Da Redação** Atualizado em 31 out 2016, 18h51 - Publicado em 28 fev 1991, 22h00

Shakespeare, T. (2006). The Social Model of Disability. In: The Disability Studies Reader. London: Routledge.

https://ruahjanus.com.br/2020/03/12/visao-espiritual-e-glaucoma/ POSTADO POR - RUAHJANUSWP visualizado 20 de dezembro de 2020

BISOL, C. A. VALENTINI, C. B. Nosso olhar para a deficiência. Projeto Incluir – UCS/FAPERGS/CNPq, 2015. Disponível em: https://proincluir.org/deficiencia-fisica/olhar/22-10-2022

Disponível em: https://www.jotazerodigital.com.br/quando-a-visao-dupla-pode-ser-sintoma-de-doencas-graves-.php